CAMBRIDGE CLASSICAL TEXTS AND
COMMENTARIES

EDITORS

C. O. BRINK   D. W. LUCAS   F. H. SANDBACH

9

CICERO'S LETTERS TO
ATTICUS

VOLUME VII

CICERO'S

LETTERS TO

ATTICUS

EDITED BY

D. R. SHACKLETON BAILEY

VOLUME VII

INDICES TO VOLUMES I-VI

CAMBRIDGE

AT THE UNIVERSITY PRESS

1970

Published by the Syndics of the Cambridge University Press
Bentley House, 200 Euston Road, London N.W.1
American Branch: 32 East 57th Street, New York, N.Y. 10022

© Cambridge University Press 1970

Library of Congress Catalogue Card Number: 65-18929
Standard Book Number: 521 07840 7

Printed in Great Britain by
Alden & Mowbray Ltd at the Alden Press, Oxford

CONTENTS

Foreword   *page* 6

INDICES

  I. INDEX NOMINVM (i)   9

  II. INDEX NOMINVM (ii)   44

  III. INDEX VERBORVM   47

    A. Latinorum   47

    B. Graecorum   59

  IV. INDEX RERVM   63

  V. INDEX GRAECITATIS   73

ADDENDA   85

CORRIGENDA   93

CONCORDANCE   103

5

FOREWORD

Some explanation may be needed on the first two indices. 'Index Nominum (i)' lists proper names which appear in the text; a note in the Commentary is indicated by bold type. 'Index Nominum (ii)', to Commentary, Introduction, and Appendices, excludes references listed under 'Index Nominum (i)'.

Some of the Addenda and Corrigenda have appeared in reviews or been communicated privately. I am particularly indebted in this respect to Professor Rudolf Kassel of Berlin. But I have not attempted to compile the 'literature' which has been published since the several volumes of this edition went to the printers, or to argue controversial points.

It will perhaps be noticed that some of the reinterpretations of Cicero's Greek appearing in my notes are to be found in the Supplement to Liddell and Scott's lexicon published in 1968. That was possible because they had originally appeared in papers published in the *Classical Quarterly* in 1962 and 1963.

I have again to thank Mr James Diggle for reading the proofs of this volume.

D.R.S.B.

Ann Arbor
March 1969

INDICES

I. INDEX NOMINVM (i)

References are to the text, by letter and paragraph.
Discussion in the Commentary is indicated by bold type

A

Abdera, **91. 3.** 'Αβδηριτικόν, 130. 4

Abuttius (?) Laco, 420. 3

Academia, 115. 26; **121. 2**; **321. 1**; 333. 3. (Ciceronis in Tusculano), 5. 2; 7. 3; 9. 3

 Academica, 321. 1; 326. 5. -cus (*sc.* liber) tertius, 414. 4. -ci libri, 414. 4. -ca quaestio, 326. 3

'Ακαδημική σύνταξις, 320. 3; 323. 1

Acastus (Ciceronis servus), **123. 1**; 124. 1

Accius, L. (poeta), 410. 1; 412. 3.

Achaia, 53. 1; 218. 4; 222. 2; 310. 2; 389. 1

 Achaici, 226. 1; 227. 2. -ci depreca-tores, 225. 1. -ci homines, 13. 1

Achilles, cf. 171. 3; 410. 5

Acidinus, *v.* Manlius Acidinus

Acilius Balbus, M'. (cos. 150), 316

Acilius Glabrio, M'. (cos. 67), **115. 4**; 260. 1

Actium, 102. 1

Actium Corcyrae, **125. 3**

Acutilius, **1. 4**; 4. 1

 Acutiliana controversia, 9. 1. -num negotium, 1. 4

Adrianum mare, 198. 1

Aebutius, **412. 5**

Aeculanum, 126. 1; 412. 4

Aegypta (Ciceronis (?) libertus), **165. 1**; 276. 1; 308. 2

Aegyptus, 25. 1; 178. 4; 189. 3

Aelia lex, **16. 13**; 29. 1

Aelius, M., **404. 4**; 408. 1

Aelius Lamia, L. (pr. 42 (?)), **101. 3**; 218. 2; 261. 3; 268. 2; **337. 1**, 3; 368. 1

Lamiani horti, **260. 2**

Aelius (?) Ligus (tr. pl. 58?), **97. 2.** *V. etiam* Ligurinus Μῶμος

Aelius Ligus, P. (cos. 172), *v.* Ligus

Aelius Tubero (L. *an* Q.?), **328. 2**

Aelius Tubero, Q. (tr. pl. ante 129), 89. 2

Aemilia tribus, **34. 2**

Aemilius Lepidus (Regilli pater, fort. M. Aemilius Lepidus, cos. 78), **263. 2**

Aemilius Lepidus, M'. (cos. 66), **135. 4**; 147. 1; 151. 3; 154. 1; 160. 1; **164. 3**; 165. 2; 167. 2; 177. 7; 260. 1. Cf. **164. 2**

Aemilius Lepidus, M. (triumvir), 338. 2; 352. 1; 354. 3; 355. 1. Cf. **115. 25**; 362. 1

Lepidianae feriae, **420. 8**

Aemilius Paulus, L. (cos. 182, 168), **87. 2**

Aemilius Paulus, L. (cos. 50), **44. 2,** 3; **89. 8**; **115. 7**; 117. 4; 361. 1; 362. 1. *V. etiam* consules

Aemilius Regillus (Lepidi filius), **263. 2**

Aemilius Scaurus, M. (cos. 115), cf. 89. 6

Aemilius Scaurus, M. (pr. 56), **89. 6**; 90. 7, 9; **91. 4,** 5

Aenaria, 205. 1

Aequum Tuticum, *v.* Equus Tuticus

Aesernia, 161 D. 2

Aesopus (tragoedus), **226. 3**

Aetolia, 113. 1

Afranius, L. (cos. 60), 18. 8; 73. 6; 150. 1; 152. 3; 153. 7; 200. 1, 3. Cf. 18. 3; **19. 4.** *V. etiam* Auli filius, consules

9

Africa, 169. 3; 218. 3; 223. 3; 225. 1, 3; 226. 1; 229. 3; 263. 1; 309. 2

Africanum negotium, 234. 5. -nae res, 221. 2

Africanus, *v.* Cornelius Scipio Africanus

Agamemno(n), 339; 371 A. 2. (*Sc.* L. Licinius Lucullus), 18. 3

Agusius, 232. 2

Ahala, *v.* Servilius Ahala

Alaudae, 418. 2

Alba, 162 A.1; 162 C.1; 172. 1

Albanius, C., 302. 4

Albanum, 86. 1; 128. 3; 130. 3; 183. 1

Albanus mons, 8. 1

Albinus, *v.* Postumius Albinus

Albius Sabinus, 321. 4

Albianum, 373. 2. -num negotium, 374. 2

Alcibiades, 115. 18

Aledius (*an* Atedius?), 240. 2; 262. 1; 263. 1; 266. 2; 267. 3

Alexander (Ephesius), 42. 7. Cf. 40. 6

Alexander (Magnus) *vel* Ἀλέξανδρος, 113. 3; 281. 2; 299. 2. Cf. 299. 3

Alexander (tabellarius), 301. 2

Alexandria, 25. 1; 176. 2; 217. 7; 224. 1; 226. 1, 2; 227. 1; 229. 3; 230. 1; 231. 2

Alexandrinae legiones, 416. 4. -na mora, 227.2. -nus rex (*sc.* Ptolemaeus Auletes), 36. 2

Alexio (medicus), 377. 1; 379. 4; 380. 2

Alexio (procurator (?) Attici), 125. 3; 333. 3

Alexis (Attici servus), 113. 9; 125. 3; 130. 7; 247; 426. 1

Alfidius Lurco, *v.* Aufidius Lurco

Aliphera, 116. 3

Alliensis pugna, 171. 2

Allienus, A. (pr. 49), 207. 3

Allobroges, 13. 2; 21. 3; 45. 1

Ἀλφειός, 242. 1

Alsium, 348. 4

Amalthea *vel* Ἀμάλθεια, 13. 1; 16. 18; 21. 11; 27. 5; 40. 2

Amaltheum *vel* Ἀμαλθεῖον, 16. 15, 18

Amanus (mons), 113. 3, 4, 7

Amianus, 115. 13. Cf. 108. 3 (?)

Ammonius, 393. 2. Cf. 394. 2

Ampius Balbus, T. (pr. 59), 161 B. 2

Amyntae filius (*sc.* L. Marcius Philippus), 246

'Anagnini', 420. 3

Anagninum, 248. 1; 404. 1

Ancon(a), 134. 1; 142. 2

Andromacha, 90. 6

Andromenes, 332. 1; 333. 1

Andronicus, C., 108. 3

Anicatus, 40. 1

Anneius, M. (Ciceronis legatus), 97. 2

Anniana domus, 75. 3

Annianus, 416. 4

'Annius', 359. 1

Annius (*anne* Annus?), *v.* Flavius, Cn.

Annius Milo Papianus, T. (pr. 55), 75. 3-5; 77.3; 81; 87. 1; 89. 5; 101. 2, 3; 103. 4; 120. 1; 174. 3; 182. 2. *V. etiam* Κροτωνιάτης (τυραννόκτονος). 174 B. 2

Miloniana tempora, 174 B. 2

Annius Saturninus, 94. 2

Antaeus (Attici librarius), 336. 3

Anteros (Q. Ciceronis servus, ut vid.), 182. 2; 211. 1

Antilibanus mons, 36. 2

Antiochia, 111. 1; 113. 3; 114. 2; 235. 1

Antiochus (Attici librarius), 309. 3

Antiochus (philosophus), 326. 3, 5

Antiochius, 333. 3. -chia, 320. 3, 326. 5. -chia ratio, 323. 1

Antipho (histrio), 90. 6

Antisthenes (philosophus), 279. 2

Antistius Labeo, Pacuvius, *v.* Labeo

Antistius Reginus, C. (Caesaris legatus), 203. 1

Antistius Vetus, C. (cos. suff. 30), 363.3

Antium, 21. 1; 23. 3; 26. 1; 28. 2; 29. 4; 31; 32. 1; 79. 1; 81; 176. 4; 257. 1; 352. 1; 388; 389. 1

Antias, 30. 2; 176. 4

Antiates, 26. 2; 390. 1

Antonius, C. (cos. 63), 10. 1; 12. 1, 2; 13. 1; 16. 16; 22. 3. Cf. 396. 2 (?)

Antonius, C. (pr. 44), cf. 396. 2 (?); 412. 3(?)

Antonius, L. (cos. 41), 374. 2, 5; 379. 2; 383. 3; 390. 2; 393. 1; 394. 1

Antonius, M. (triumvir), 121. 4; 131. 5; 156. 3; 176. 3; 199. 10; 200. 3; 201. 1; 202. 4; 203. 1; 205. 1, 2; 207. 2, 3; 208. 5; 218. 2; 223. 4; 230. 1, 2; 256. 1; 257. 2; 258. 1; 357. 1, 2; 359. 1; 360. 1; 362. 1; 364. 3; 366. 1; 367. 6; 367 B. 3; 368. 4, 7; 371. 2, 3; 372. 2, 4; 374. 2, 4, 5; 375. 2; 377. 2, 3; 380. 2; 381. 1, 4; 383. 2; 385. 1; 386. 1; 390. 1, 2; 394. 1; 396. 2; 397. 2, 3; 398. 1; 399; 412. 3 (?); 413. 1; 415. 1, 7; 418. 1, 2; 419; 420. 6; 422 1; 424. 1; 425. 1, 2; 426. 3. Cf. 201. 3, 5; 220. 1 (?); 371 A. 3; 375. 3; 397. 4; 420. 1, 2; 421; 423. 4. V. etiam consules, Cytherius, Stratyllax. Eius ad Ciceronem epp., 199 A; 201. 2; 367 A. Ciceronis ad eum ep., 367 B

Antro, 394. 1

Apamea (Phrygiae), 109. 2; 113. 1; 117. 6

Apamense forum, 114. 9

Apella (M. Fabii Galli libertus), 112.1

Apella (Chius), 257. 1

Apellas (tabellarius), 82. 1

Apelles (pictor), 41. 4

Apollinares (ludi), 39. 3; 411. 1

Apollo, 380. 1

Apollodorus (Atheniensis), 262. 2

Apollonius, 77. 1

Apollonius Molo, 21. 9

Appi Forum, 31

Appia (via), 30. 2; 161 C; 166. 2; 178. 1; 422. 1; 423. 2

Appianae legiones, 139. 3; 144. 1

Appius, v. Claudius Pulcher

Appuleia, populi (sc. P. Clodius Pulcher), 86. 2

Appuleius (praediator), 104. 6 (?); 251. 2; 255

Appuleius (M., cos. 20, ut vid.), 250. 2; 251. 1; 252; 254. 3; 255

Apulia, 93. 1; 135. 2; 145. 2; 153. 4; 158. 1; 161. 7; 161 C; 161 D. 1, 3; 198. 1

Aquilia, 367. 5; 371. 3

Aquilius Gallus, C. (pr. 66), 10. 1; 81

Aquinum, 94. 3, 4; 422. 1; 432. 2

Arabarches (sc. Cn. Pompeius Magnus), 37. 3

Arabia Εὐδαίμων, 178. 4

Arabio, 394. 1

Aradus, 176. 2

Araus, 102. 1

Arbuscula (mima), 90. 6

Arcadia vel Ἀρκαδία, 116. 3; 196. 2

Arcanum, 94. 3, 4; 128. 3; 192. 1; 193; 422. 1

Archias, v. Licinius Archias

Archilochus, 420. 2

Archilochium (-chia) edictum (-ta), 40. 6; 41. 4

Ἀρχιμήδειον πρόβλημα, 240. 2; 229. 3

Argiletum, 271. 1

Argiletanum aedificium, 14. 7

Ariarathes (x, rex Cappadociae), 301. 2

Ariminum, 112. 1

Ariobarzanes (ii, rex Cappadociae), 301. 2

Ariobarzanes (iii, rex Cappadociae),

INDEX NOMINVM (i)

Ariobarzanes (cont.)
113. 6; 115. 3; 117. 5. Cf. 111. 4;
116. 7; 301. 2
Ariopagus vel Ἄρειος πάγος, 14. 5;
104. 6
Ariopagitae, 16. 5; 104. 6. τρισαρεο-
παγῖται, 90. 4
Aristarchus, 14. 3
Aristodemus, 27. 5
Aristophanes (poeta), 243. 1; 420. 2
(anne grammaticus?)
Aristoteles vel Ἀριστοτέλης, 84. 1;
89. 2; 281. 2; 299. 3
Ἀριστοτέλειος mos, 326. 4; Ari-
stotelia pigmenta, 21. 1
Aristoxenus, 156. 1; 305. 2
Aristus (philosophus), 103. 5
Armenii, 177. 3
Armenius Artavasdes, 113. 2;
-nii reges, 27.2
Arpi, 170. 2
Arpinum, 28. 2; 32. 2; 34. 2; 166. 2;
167. 3; 171. 1; 172. 1; 176. 2;
183. 1; 186. 1; 187. 3; 188. 3;
189. 1; 208. 1; 282. 3; 317. 2;
338. 4; 376. 1; 378. 1; 418. 2;
422. 1, 2
Arpinas, 16. 18; 36. 4; 37. 1; 94. 3;
380. 1; 404. 5; 424. 2
Arpinates, 77. 3; 393. 1
Arpinates aquae, 16. 10. -nas homo,
16. 10. -nas insula, 259. 1. Cf.
423. 2. -nas iter, 423. 1; -natia
praedia, 2. 2
Arretini, 19.4
Arrius, C., 34. 2; 35.3
Arrius, Q. (pr. 73(?)), 17. 11; 25. 2;
27. 3
Artavasdes (rex Armeniae), 113. 2;
114. 2
Artaxerxes (I, rex Persarum), 119. 7
Asia, 15. 1; 16. 14; 17. 9; 36. 4; 51;
54. 1; 58. 2; 64. 1; 89. 9; 91. 1;
107. 2; 110. 5; 114. 7, 8; 126. 7;
169. 3; 180. 4; 211. 2; 212. 3;

217. 7; 221. 1; 225. 1; 226. 1;
227. 1, 2; 236. 2; 387. 1; 389. 2;
390. 1
Asiatica curatio frumenti, 389. 1
-cum edictum, 115. 15. -cum
iter, 90. 2
†Asinius, 408. 2
Asinius Dento (centurio), 113. 4
Asinius Pollio, C. (cos. 40), 238. 1;
278. 2; 280. 1; 351. 3. V. etiam
†(c)aninius
Astura, 281. 2; 286. 2; 290. 1; 341. 2;
350; 356. 4; 359. 3; 365. 1;
369. 3; 372. 5; 390. 1, 2
Astyanax, 90. 6
†Asyllius (i.e. A. Silius?), 263. 1
Atedius, v. Aledius
Ateius Capito, C. (tr. pl. 55), 91. 4;
330. 1; 407 C. 3; 407 F. 2. V. etiam
†Catelus. Ciceronis ad eum epp.,
407 C; 407 F
Athamas (Attici servus vel libertus,
ut vid.), 247
Athenae, 1. 3; 5. 1; 21. 2; 52. 1;
53. 1; 54. 1; 91. 1; 103. 1, 5;
104. 4, 6; 105. 1; 115. 24, 26;
116. 10; 117. 9; 120. 2; 121. 2;
123. 5; 124. 1, 9; 236. 2; 262. 3;
263. 1; 271. 2; 393. 4; 414.2
Athenienses, cf. 115. 25; 199. 7
Ἀθηναῖος Τίτος, ὁ (sc. T. Pomponius
Atticus), 29. 4
Ἀθηναίων (sc. Πολιτεία), 22.2
Athenio (sc. Sex. Cloelius), 30. 2
Athenodorus Calvus, 420. 4; 425. 4
Atilianum nomen, 112. 1; -na prae-
dia, 94. 2
Atilius, M. (poeta), 374. 3
Atilius Regulus, M. (cos. 267, 256),
420. 4
Atilius Serranus, Sex. (cos. 136), 316
Atilius Serranus Gavianus, Sex. (tr.
pl. 57), 74. 4. Cf. 73. 6
Atius Balbus, M. (pr. ante 59), 30. 1
Atius Paelignus, C., 156. 4

12

Ἀτρεῖδαι, **126. 5**

Attica *vel* Atticula, *v.* Caecilia Attica

Atticus, *v.* Pomponius Atticus

Atticus homo, 19. 10. -ca talenta, **114. 7**; **115. 3**, 25

Ἀττικώτερος, **13. 5** -κώτατα 378.2

Ἀττικισμός, **93. 1**

Attius Varus, P. (pr. ante 52), **137. 3**

Attus (Navius), **199. 6**

Atypus (*sc.* L. Cornelius Balbus maior), **239. 2**

Aufidius, T. (pr. 67 (?)), **10. 1**

Aufidius (*anne* Alfidius?) Lurco, M. (?) (tr. pl. 61), **16.13**

Auli filius (*sc.* L. Afranius), **16. 12**; **18. 5**; 20. 5; **23. 1**

Aurelianus, **89. 4**

Aurelius (Hirtii legatus), **363. 3**

Aurelius, **426. 5**

Aurelius Cotta, C. (cos. 75), **258. 2**; **326. 3**, 4

Aurelius Cotta, L. (cos. 65), 260. 1; **262. 3**; 266. 1; **336. 1**

Aurelius Cotta, M. (propr. (?) in Sardinia, 49), **208. 3**

Aurelius Cotta, M. (filius M. Cottae, cos. 74?), **261. 2**

Aurunculeius Cotta, L. (Caesaris legatus), *v.* Cotta

Autronius Paetus, P. (cos. desig. 65), **48**; 52. 1

Autroniana domus, **13. 6**

Aventinus, 271. 2

Avius, 307; 311. 2

Axius, Q. (senator), **12. 1**; **60. 3**; **90. 5**; 114. 2; 202. 2; **205. 2**; **207. 4**; 248. 2

B

Babullius, **345. 1**

Bacchis, **406. 3**

Baebius ('quidam'), **182. 2**

Baebius (Attici vicinus), **337. 1**

Baiae, **16. 10**; **217. 6**; 281. 3; 353. 2; 417. 1

Baiana negotia, **362. 1**

Balbillus (*sc.* L. Cornelius Balbus minor), **416. 4**

Balbinus (fort. i.q. superior), **351. 3**

Balbus, *v.* Cornelius Balbus

Baleares, 238. 1

Barea, **411. 2**

Barnaeus, **372. 1**

Basili bustum, **132.1**

Basilus, *v.* Minucius Basilus

Bassus, *v.* Caecilius Bassus

Batonius, **122. 1**, 2

Beneventum, 96. 3; 97. 1; 184

Bibulus, *v.* Calpurnius Bibulus

Blesamius, **413. 6**

Bona Dea, 24. 2

Boopis *vel* Βοῶπις (*sc.* Clodia 'Quadrantaria'), **29. 1**; 30. 2; 34. 1; 42. 5; **43. 3**

Bovillana pugna, **106. 1**. Cf. **115. 26**

Brinnius, **321. 4**

Brinniana auctio, 320. 4. -nus fundus, 348. 2

Britannia, 90. 10; **92. 5**

Britannicum bellum, 89. 7

Brundisium, 15. 2; 48; 49; 51; 52. 1, 3; 73. 4; 97. 2; 98. 1; 100; 101. 1; 104. 7; 115. 1; 124. 1; 125. 1, 5; 153. 6, 7; 156. 3; 158. 2; 160. 2; 161. 7; 161 C; 161 D. 3, 4; 162 A. 2-4; 164. 1; 166. 2; 167. 1, 2; 168; 169. 2, 3; 170. 2; 171. 1, 3; 172. 1; 174. 5; 177. 8; 178. 3; 180. 1, 5; 181 A. 1; 182. 1, 3; 183. 1, 3; 184; 191; 217. 2; 397. 3; 398. 3; 411. 4; 412. 4, 6; 416. 2

Brundisini, 73. 1. -na colonia, 73. 4. -na militia, 206. 3. -ni nuntii, 163. 1 -na porta, 125. 2. -na res, 170. 2

Bruti *vel* Βροῦτοι, 368. 2; 374. 2; **390. 2**

Brutus, *v.* Iunius Brutus
'Brutus' (Accii fabula), **410. 1**
Bucilianus (senator), **394. 2**; 411. 4
Bursa, *v.* Munatius Plancus Bursa
Bussenius, **162 C. 1**
Buthrotum, 26. 2; 79. 1; 89. 1, 9;
  114. 3; 372. 4; 374. 2, 3; 379. 1,
  2; **390. 1**; 397. 3; 409. 2
  Buthrotii, 365. 2; 368. 6; 379. 2;
  381. 1, 3; 393. 1; 395. 2; 396. 1;
  402. 3; 407 A. 2, 3; 407 B. 1;
  407 C. 2; 407 D; 407 E. 1; 408. 3;
  411. 3; 412. 1. -tius ager, 407 A.
  2, 3. -tia causa, 402. 2; 407 A. 2.
  -tia civitas, 407 D. -tia et causa et
  civitas, 402. 3. -tium negotium
  371. 2; 374. 2. -tius Plancus,
  408. 3. -tia res, 364. 3; 366. 1
Byzantium, 176. 2
  Byzantii, 362. 1

C

Caecilia (Attici mater), cf. **1. 8**; **3**;
  4. 1; 23. 4
Caecilia Attica, 116. 10; 118. 3; 119.
  4; 239. 2; **243. 2**; **245**; 248.
  1, 2; 249; 250. 1; 251. 4; 255;
  262. 3; 263. 3; 265. 2; 266. 3;
  267. 3; **269. 2**; 272. 3; **276. 1**;
  281. 5; 289. 1; 290. 1; 298. 2;
  320. 1; 321. 3; 322. 2; 324. 1;
  326. 1; 327. 3; 329. 5; 336. 2;
  347. 1; 349. 2; 356. 4; 357. 2;
  370. 4; 372. 6; 374. 5; 375. 4;
  405; 406. 3; 409. 6; 413. 6;
  414. 4; 415. 8; 420. 8. Cf. **112. 2**;
  115. 22; 117. 10; 122. 5; 125. 4
Caecilia et Didia lex, **29. 1**
Caecilia Metella, **232. 3**; 314
Caeciliana fabula, **16. 15**
Caecilius (quaest. 59), **29. 1**
Caecilius, Q. (Attici avunculus), **10. 3**,
  4; 12. 1; **39. 5**; 40. 1. Cf. **65. 1**
Caecilius, Statius (poeta), **126. 10**

Caecilius Bassus, Q., **363. 3**; 416. 4
Caecilius Cornutus, C. (tr. pl. 61),
  14. 6
Caecilius Eutychides, T. (Attici liber-
  tus), **89. 9**; **90. 1**; 102. 1
Caecilius Metellus (incertum quis),
  77.2
Caecilius Metellus, L. (tr. pl. 49),
  172. 3; **195. 8**; 199. 6; 218. 2;
  351. 3 (?)
Caecilius Metellus, M., **21. 1**
Caecilius Metellus Calvus, L. (cos.
  142), 316
Caecilius Metellus Celer, Q. (cos. 60),
  17. 9; 18. 5, 8; 19. 4; 20. 5;
  21. 4, 5. Cf. 21. 8
Caecilius Metellus Creticus, Q. (cos.
  69), **19. 2**
Caecilius Metellus Nepos, Q. (cos.
  57), **25. 2**; **30. 2**; 67. 2; 68. 1;
  69. 2; 75. 3, 4. Cf. **57. 1.** *V.*
  etiam consules
  Metellina oratio, **13. 5**
Caecilius Metellus Numidicus, Q.
  (cos. 109), **16. 4**
Caecilius Metellus Pius Scipio Nasica,
  Q. (cos. 52), **10. 3**; **21. 9**; **115. 17**;
  127. 2; 153. 7; 165. 3; 167. 4;
  178. 4; **420. 2**
Caecilius Trypho, **53. 3**
Caecina ('quidam Volaterranus'),
  418. 2
Caecius, C., **178. 1**; 180. 7
Caeliana (*sc.* Caelii Antipatri annales),
  313
Caelius (incertum quis), 204. 3;
  206. 3
  Caelianum, 207. 2. -na 208. 4.
  -nus animus, 204. 3
Caelius (in re pecuniaria commemora-
  tus), **306. 1**; 307; 308. 1; **389. 2**
Caelius Rufus, M. (pr. 48), **101. 3**;
  115. 21, 23; 124. 4; **126. 6, 9, 11**;
  141. 3; 145. 3; 200. 2, 3. *Eius ad*
  Ciceronem ep., 200 A

Caepio, *v.* Servilius Caepio *et* Iunius Brutus, M.

Caerellia, **293. 3**; 327. 2; 329. 3; **372. 4**; 377. 4; **404. 4**

Caerellianum nomen, 293. 3

Caesar, Caesarianus, *v.* Iulius Caesar

Caesar ille (*sc.* Caesarion), **374. 2**

Caesonius (fort. i.q. sequens), **249**

Caesonius, M. (pr. ante 65), **10. 1**

Caieta, **8. 2**; **9. 3**; 153. 6; 361. 1

Calatia, **418. 1**

Caldus, *v.* Coelius Caldus

Calenius, M., **162 C. 1**

Calenus, *v.* Fufius Calenus

Cales, 138. 1; 140. 2; 145. 1; 161 D. 2, 3; 420. 6

Calenum, 153. 7

Calidius, M. (pr. 57), cf. **112. 3**; 122. 3

Calliope, 23. 4

Καλλιπίδης, **320. 3**

Calpurnius (M. Antoni familiarissimus), **199 A. 2**

Calpurnius Bibulus, L. (filius sequentis), **271. 2**

Calpurnius Bibulus, M. (cos. 59), **17. 11**; **34. 1**; **35. 2**; 36. 2; **39. 2**, 5; 40. 4, 6; 41. 3–5; 44. 2, 3; 97. 2; 109. 4; 111. 1; 113. 4; 114. 2; 115. 13–15; **119. 3**; 122. 5; **125. 6**–8; 126. 5; 176. 2. Cf. 114. 3

Calpurnius Piso, C. (cos. 67), **10. 2**; 14. 5; 17.11; 260. 1. Cf. **13. 2**

Calpurnius Piso Caesoninus. L. (cos. 58), **136. 1**; 141. 3; **310. 2** (?); 404. 1; 415. 5, 7. *V. etiam* censores

Calpurnius Piso Frugi, C. (Ciceronis gener), **8. 3**; 44. 3; 67. 1

Calpurnius Piso Frugi, L. (cos. 133), 19. 4

Calva, **380. 1**

Calvenna (*sc.* C. Matius), **359. 1**; 363. 3; 420. 1

Calvinus, *v.* Domitius Calvinus

Calvus (*sc.* M. Licinius Crassus), **16. 5**

Camerinum, 162 B. 2

Camillus *vel* Κάμιλλος, C., **101. 3**; 115. 19; 119. 2; 227. 5; 232. 1; **310. 1**; 330. 1

Campania, **134. 5**

Campanus ager, **36. 1**, 2; 37. 1; 130. 6. -ni coloni, 138. 2. -na lex, **38. 2**

Cana, **344. 1**

Candavia, **52. 3**

†(c)aninius (i.e. C. Asinius Pollio ?), **359. 1**

Caninius Gallus, L. (tr. pl. 56), **416. 3**; **425. 4**

Caninius Rebilus, C. (cos. suff. 45), **126. 3**; **277**; 283. 3

Caninianum naufragium, 285. 3

Caninius Satyrus, **10. 3**, 4

Canuleius, **196. 3**

Canuleius (centurio), 114. 4

Canus (Q. Gellius Poplicola Canus?) 398.2. *V. etiam* Kanus

Canusium, 161 D. 1, 4; 162 A. 2; 164. 1; 167. 1; 172. 1

Canusinus hospes, 13. 1

Capena porta, 73. 5

Capitolium, 73. 5; 115. 17; 309. 2; 364. 1

Capitolinus clivus, **21. 7**. -na contio, **378. 2**. -nus dies, 364. 1. -na sessio, 368. 2

Cappadocia, 111. 1; 113. 2, 6; 117. 5

Capua, 39. 3; 138. 1, 2; 139. 2; 140. 1, 2; 141. 5; 142. 1; 143; 144. 1; 145. 1, 2; **147. 3**; 148; 149; 152. 1, 3; 153. 4, 7; 154. 2; 161 B. 2; 161 D. 2, 3, 5; 162. 2; 162 A.3; 172. 3; 182. 1, 3; 183. 1; 184; 207. 3; 371. 2; 418. 1, 2; 419; 420. 6

Carbo, *v.* Papirius Carbo

Carfulenus, D. (tr. pl. 44), **381. 1**

Carneades, **125. 4**; 262. 2; 351. 3

Carrinas, T., **330. 1**

Carteia, **285. 3**; 397. 3
Carthago (Nova), **411. 2**
Casca, *v.* Servilius Casca
Casca (*sc.* Servilii Cascae liber), **336. 3**
Cascellius, A. (?), **404. 4**
Casilinum, **418.** 1; 422. 1
Cassiani horti, **260. 2**
Cassii, 364. 2
Cassius Barba, **353.** 1
Cassius Longinus, C. (tyrannicida), **111.** 1; 113. 3; **114. 2**; 115. 14; 145. 2; 147. 1; 148; 149; 167. 4; **224.** 1; 226. 2; 329. 2; 368. 2; 371. 4; 372. 1; 374. 4, 5; 375. 1, 2; 383. 1, 2; 385. 2; 386. 1, 2; **387.** 1; 389. 1, 2; 390. 1; 396. 2; 399; 408. 2; 411. 4; 412. 4; 413. 6; 415. 1; 416. 4. *V. etiam* Cassii, liberatores
Cassius Longinus, L. (tr. pl. 44), **356. 1**
Cassius Longinus, Q. (tr. pl. 49), **113. 8**; 114. 2; 121. 4; **122. 2**; **126. 5**; 142. 2; 176. 3
Cassianum negotium, 227. 1
Cassius Scaeva, M., **331. 3.** Scaevae, 364. 2
Castricius, **267. 3**
Castriciana mancipia, 270. 2. -num mendum, **27. 5.** -num negotium, 267. 3
Castrum Truentinum, 162 B. 1
†Catelus (i.e. C. Ateius *vel* Catulus?), **199. 3**
Catilina, *v.* Sergius Catilina
Catina, 420. 7
Cato, *v.* Porcius Cato
'Cato' (liber Ciceronis), 240. 2; 242. 2; 298. 1; 338. 2. (liber Bruti), 338. 2
'Cato maior', 375. 3. Cf. **413.** 1; 420. 3
Catulus, *v.* Lutatius Catulus
'Catulus' (Ciceronis liber de Academicis), 305. 3
Celer, *v.* Pilius Celer

censores (*sc.* Ap. Pulcher et L. Piso), 123. 5
Censorinus, *v.* Marcius Censorinus
Ceos, 105. 1
Cephalio (tabellarius), **149**; 189. 4; 190. 2; 192. 1; 207. 1; 223. 1; 227. 4
Cephalus, **89. 3**
Ceramicus, **6.** 1
Cerialia, **30. 2**, 4
Cermalus, 75. 3
Cestius, C. (?), **106.** 1
Chaerippus, **77.** 1; **97. 2**
Chaeron, **116. 3**
Chaonia, 117. 2
Chersonesus, **115. 19**
Χερρονησιτικά, 119. 2
Chios, 176. 2
Chius Apella, **257.** 1
Chremes, 243. 1
Chrysippus, *v.* Vettius Chrysippus
Chrysippus (Ciceronis libertus), **125. 8**; 128. 3
Cibyratae, 115. 21. -atae pantherae, 114. 5. -aticum forum, **114. 9**
Cicero, Cicerones, *v.* Tullius Cicero, Tullii Cicerones
'Cicero, Cn.', 16. 11
Κικέρων (*sc.* M. Tullius Cicero (oratoris filius)), **29. 4**; **30. 4**; 35. 4
Cilicia, 92. 4; 111. 2; 113. 1–3; 114. 6, 7, 9, 11; 116. 4, 6; 118. 1
Cilices, 124. 6
Cincia lex, **20. 7**
Cincius, L., **3**; 4. 2; 10. 1; 16. 17; 20. 1, 7; 76; 116. 1
Cingulum, **134.** 1; 137. 3
Cinna, *v.* Cornelius Cinna
Circeii, 257. 1; 388
Cispiana, **263. 3**
Claudius (Serviliae maritus), **258. 2**
Claudius, Ser., **20. 7.** Cf. 21. 12
Claudius Marcellus, C. (cos. 50), **75. 5** (?); 203. 3; 205. 2; 207. 2; **261.** 2; 380. 1; 390. 2; **416. 3**;

Claudius Marcellus, C. (*cont.*)
425. 2; 426. 6. *V. etiam* consules,
Marcelli

Claudius Marcellus, C. (cos. 49),
380. 1. Cf. 145. 1. *V. etiam* con-
sules, Marcelli

Claudius Marcellus, M. (cos. 51),
97. 2; 104. 2; 114. 9; 153. 3;
162 A. 4; 318. 1, 3; 329. 2. *V.
etiam* Marcelli

Claudius Nero, Ti. (quaest. 48), 121. 1

Claudius Pulcher, Ap. (cos. 54), 42. 2;
62. 1; 74. 3; 75. 3, 4; 86. 2; 90. 9;
91. 2; 92. 4; 107. 1; 108. 2;
109. 4; 110. 6; 114. 10; 115. 2,
3, 6, 26; 116. 8, 10; 117. 5, 7;
121. 1, 2; 151. 3; 165, 3; 167. 4.
Cf. 73. 6; 109. 2. *V. etiam*
censores, consules

Claudius Pulcher, Ap. (cos. 38), cf.
62. 1. *V. etiam* Appianae legiones

Claudius Pulcher, C., *v.* Clodius
Pulcher, C.

Claudius *vel* Clodius Pulcher, P.
(Clodii filius), 367 A. 2; 367 B. 4.
Cf. 367 B. 5

Cleopatra, *v.* regina

Clodia (mater D. Bruti, cos. 77), 261. 2

Clodia (L. Metelli socrus), 172. 3;
176. 2

Clodia ('Quadrantaria'), cf. 21. 5. *V.
etiam* Boopis

Clodia (fort. i.q. superior), 279. 2;
282. 1; 283. 3; 284. 3; 285. 2;
286. 1; 288. 1, 2; 294. 2; 300. 2;
362. 1. Cf. 282. 2. Clodiani (*sc.*
horti), 294. 2

Clodianus, *v.* Cornelius Lentulus
Clodianus

Clodius (Hermogenes?), 270. 1

Clodius Aesopus, M. (tragoedi filius),
cf. 226. 3

Clodius Hermogenes, 332. 1. *V.
etiam* Clodius *et* Hermogenes

Clodius Patavinus, 285. 3

Clodius Pulcher, C. (pr. 56), 62. 1;
90. 2

Clodius Pulcher, P. (tr. pl. 58), 12. 3;
13. 3; 14. 5, 6; 16. 4, 8, 9, 13;
18. 4, 5; 19. 5, 6; 21. 4; 24. 2;
25. 3; 27. 2, 3; 28. 1; 29. 1, 3;
30. 1, 2; 35. 2; 38. 3; 39. 1, 4;
40. 2; 41. 6; 42. 1, 4; 44. 3, 5;
60. 6; 68. 2, 4; 73. 6; 74. 4;
75. 2–5; 77. 2; 90. 4; 117. 6;
153. 3; 232. 3; 367 B. 4. Cf. 11. 1;
16. 1, 3, 5, 10; 42. 2; 43. 3; 57. 1;
74. 3; 130. 6; 367 A. 3. *V. etiam*
Appuleia

Clodia lex (i), 68. 3

Clodia lex (ii), 89, 8

Clodiana fabula, 18. 2. -num
latrocinium, 75. 3. -num nego-
tium, 41. 4. -nae operae, 14. 5.
-na religio, 14. 1

Clodius Pulcher, P. (superioris filius),
v. Claudius Pulcher, P.

Cloelius, Sex., 199. 3; 367. 6; 367 A.
2, 3; 367 B. 3; 368. 2; 372. 2;
416. 3. Cf. 367 B. 2. *V. etiam*
Athenio

Cluatius (architectus, ut vid.), 254. 1;
275. 2

Cluvius, M., 116. 3; 338. 3
Cluvianum, 364. 3; 365. 2; 414.
3. -na, 363. 1. -ni horti, 338.3;
370. 1. *V. etiam* Puteolanum

Cocceius (Nerva?), 250. 2; 254. 3;
257. 2; 426. 5

Coelius Caldus, C. (quaest. 50), 116.
10; 118. 1; 119. 3; 121. 3, 4; 124. 6

Colchi, 176. 2; 177. 3

Comensis, 104. 2

Compitalia, 23. 4
Compitaliciae ambulationes, 23. 4

Considius, Q. (senator), 12. 1; 44. 4

Considius Nonianus, M. (pr. ante
50), 161 B. 2

consules (*sc.* Afranius et Metellus
Celer), 19. 2. (*Sc.* Lentulus

consules (*cont.*)
  Spinther et Metellus Nepos),
  69. 1; 74. 4; 75. 2. (*Sc.* Pompeius et Crassus), 87. 1. (*Sc.*
  L. Domitius et Ap. Pulcher),
  89. 5; 90. 5, 7; 91. 2. (*Sc.* Paulus
  et C. Marcellus), 111. 3. (*Sc.*
  Lentulus Crus et C. Marcellus),
  137. 3; 139. 2; 141. 5; 142. 1;
  144. 1, 2; 145. 1, 2; 153. 7; 154.
  1; 158. 2; 161 B. 2; 161 C; 162
  C. 2, 3; 165. 3; 168. 2; 172.
  3, 4; 176. 2; 183. 4; 193. *Pompeii
  ad eos epp.*, 154. 2; 162 A. (*Sc.*
  Antonius et Dolabella), 360.
  2; 394. 1; 407 A. 4; 407 B. 1, 2;
  407 C. 2, 3; 407 D; 407 E. 1; 407
  F. 2; 411. 1
Κόνων, 119. 2
Coponius, C. (pr. 49), **162 A. 4**
  Coponiana villa, 272.2
Corcyra, 21. 1; 79. 1; 102. 1; 125. 3,
  5; 216. 4; 332. 1; 414. 1
  Corcyraea epistula, 116. 10
Corduba, 277
Corfidius, L., **336. 3**
Corfinium, 153. 7; 161 A; 161 D. 3, 4;
  162 B. 1; 162 D. 1; 164. 1, 3;
  165 A. 3; 169. 2; 174 C. 1
  Corfiniensis clementia, 185. 1.——
  διατροπή, **180. 7**; —— exspectatio, **157. 2**
Corinthus *vel* Κόρινθος, 176. 1; 309.
  3; 310. 4; 312. 1
  Κορινθίων (Πολιτεία), 22. 2
  Corinthium aes, 21. 11
Coriolanus, *v.* Marcius Coriolanus
Cornelii, cf. 115. 18
Cornelius (scriba), cf. **239. 2**
Cornelius, M., **13. 1**
Cornelius, Q. (ut vid.), **12. 1**
Cornelius Balbus, L. (maior), **23. 3**;
  126. 11; **127. 2**; **130. 6**; 152. 1;
  160. 2; 165. 3; 171. 3; 172. 1;
  174. 3; 181; 182. 1, 2; 202. 4;

210. 2; 217. 3; 218. 5; 219. 1,
  2; 220. 1; 225. 2; 230. 1; 237. 1;
  238. 2; 244. 2; 250. 2; 257. 2;
  259. 1; 268. 2; 285. 3; 288. 1;
  301. 1; 309. 1, 2; 326. 2; 327. 1,
  3; 329. 3; 337. 1, 3; 338. 2, 3;
  340; 348. 1, 3; 352. 1; 353. 1;
  357. 1; 363. 3; 364. 3; 365. 2;
  374. 4; 375. 2; 379. 3; 382; 383.
  2; 385. 1; 386. 4; 387. 1; **413.
  5**; 420. 8. Cf. 218. 1; 229. 2;
  230. 2; 293. 2; 296. 3; 298. 1;
  302. 3; 314. *V. etiam* Atypus,
  Gaditanus, Tartessius. *Eius ad
  Ciceronem epp.*, 165 A; 174 B; 181
  A. *Eius et Oppii ad Ciceronem ep.*,
  174 A. *Caesaris ad eum et Oppium
  epp.*, 174 C; 181 A. 1
Cornelius Balbus, L. (minor), **160. 2**;
  161. 5; 165 A. 3; 172. 1; 223. 1;
  278. 2; 346. 2; 347. 2. *V. etiam*
  Balbillus, Balbinus
Cornelius Cinna, L. (cos. 87–84),
  130. 7; 153. 6; 177. 3
Cornelius (?) Culleolus, L. (?), **117. 6**
Cornelius Dolabella, P. (Cn. Cornelius Lentulus Dolabella ?) (cos.
  44), 123. 5; **131. 3**; **136. 3**; 141. 3;
  145. 2, 3; 180. 1, 2; 181; 185. 3;
  195. 11; 198. 1; 199 A. 1; 218. 2;
  241; 244. 2; 278. 2; 299. 3; 300.
  2; 317. 1, 2; 318. 2; **321. 2**;
  327. 3; 337. 2; **339**; 348. 1;
  351. 2; **353. 2**; 363. 3; **369. 1**;
  370. 2; 371. 4; 371 A. 1, 3, 4, 8;
  372, 1, 2, 4, 5; 373. 1; 374. 2, 4;
  375. 1, 4; 377. 2; 380. 1; 382;
  385. 1; 389. 4; 390. 1; 395. 1;
  396. 2; 397. 1; **402. 1, 2**; 413. 5;
  417. 1; 420. 2; 426. 1, 5. Cf.
  121. 1; 126. 12; 138. 3; 200 A. 2;
  201. 1; **220. 1** (?); 223. 4; 225. 2;
  226. 3; **232. 3**; 368. 4; 426. 2.
  V. etiam consules. *Ciceronis ad
  eum epp.*, 371 A; 402. 2–3

Cornelius Lentulus (Dolabellae et Tulliae filius), **267. 3**; 270. 1. Cf. **256. 2**

Cornelius Lentulus, Cn. (cos. 146), 309. 3

Cornelius Lentulus, L. (flaminis filius), **44. 2**; 92. 1. Cf. **244. 1**

Cornelius Lentulus Clodianus, Cn. (cos. 72), **19. 2**

Cornelius Lentulus Clodianus, Cn. (pr. 59), **19. 2**

Cornelius Lentulus Crus, L. (cos. 49), **122. 2**; 135. 2; 145. 1; 160. 2; 161. 5; 161 D. 3; 165 A. 2; 172. 1; 174 B. 2; 217. 6; 380. 1. Cf. **16. 3**; 145. 2. *V. etiam* consules

Cornelius Lentulus Marcellinus, Cn. (cos. 56), **74. 4**; 75. 3; 114. 11; 176. 4

Cornelius Lentulus Niger, L. (flamen Martialis), **83. 1**, 2; **244. 1**. Cf. **44. 2**

Cornelius Lentulus Spinther, P. (cos. 57), **4. 2** (?); 5. 2 (?); **67. 2**; 68. 1; 69. 2; **96. 3**; **114. 4**; **115. 1, 23**; 147. 1; 162. 6; 164. 3; 167. 2; 170. 1; 174. 6; 178. 1; 178 A. 3; 180. 7; 183. 4; **224. 1**; **244. 1**. *V. etiam* consules

Cornelius Lentulus Spinther, P. (superioris filius), **224. 1**; 281. 4; 294. 2; 314; 318. 3; 365. 2. Cf. **244. 1**

Cornelius Lentulus Sura, P. (cos. 71), **16. 9**

Cornelius Nepos, **410. 5**; 425. 4. *Eius filius*, 425. 4

Cornelius Scipio Aemilianus Africanus, P., 89. 2; **115. 8, 17**; 161. 1; 179. 2; 188. 2; **199. 7**; 424. 2

Cornelius Scipio Asiaticus (Asiagenus), L. (cos. 83), **183. 2**

Cornelius Scipio Nasica, P., *v.* Caecilius Metellus Pius Scipio Nasica, Q.

Cornelius Scipio Nasica Sarapio, p. (cos. 138), **115. 17**. Cf. 115. 18

Cornelius Sulla, Faustus (quaest. 54), **84. 1**; 153. 7; 162 A. 3; 167. 4; 178. 4

Cornelius Sulla, P. (cos. desig. 65), **75. 3**; **92. 3**

Cornelius Sulla, P. (superioris filius), **236. 2**; 237. 2

Cornelius Sulla Felix, L. (dictator), 19. 4; 130. 7; 174 C. 1; 177. 2, 3; **182. 2**; 183. 2. Sullae, 178. 3

Sullana, **236. 3**. -nus dies, **199. 7**. -ni homines, 19.4. -nus mos, 198. 1. -num regnum, **161. 2**; 174. 3. Cf. sullaturit, **177. 6**

Cornicinus, *v.* Oppius Cornicinus

Cornificia (sequentis filia), **299. 4**

Cornificius, Q. (pr. 67 vel 66), **10. 1**; 13. 3; 299. 4. Cf. 251. 2

Cornificius, Q. (pr. 45), **251. 2**; **255**; 257. 2

Cornutus, *v.* Caecilius Cornutus

Corumbus (architectus), **357. 1**

Κωρυκαῖοι, **210. 1**

Cos, 176. 2. Cous Nicias, 126. 10

Cosanus (i.e. P. Sestius), **408. 1**. -num, 172. 2; 176. 3; 406. 1

Cosconius, C. (pr. 63), **39. 4**

Cossinius, L., **19. 11**; 20. 6; 21. 1; **338. 4**

Cotta, *v.* Aurelius Cotta

Cotta (sc. L. Aurunculeii Cottae liber), **336. 3**

Crassipes, *v.* Furius Crassipes

Crassus, *v.* Licinius Crassus

Crater, **28. 2**

Craterus (medicus), **250. 1**; 251. 4. Cf. 269. 2

Crispus (Scapulae heres), 307; 308. 1; 312. 1. Cf. **309. 2**

Critonius (aed. pl. 44 ?), **351. 3**

Croton, 189. 3. Κροτωνιάτης (τυραννόκτονος), ὁ (sc. T. Annius Milo), 118. 3; 119. 1. Κροτωνιατικά, 119. 2

Culleo, *v.* Terentius Culleo
Culleolus, *v.* Cornelius (?) Culleolus
Cumae, 378. 1
  Cumani, 205. 1. -num, 84. 2; 85. 1;
    2; 95. 1, 2; 110. 5; 195. 7;
    208. 4; **275. 2**; **276. 1**; 298. 2;
    300. 3; 364. 3; 371. 1; 374. 1;
    378. 1; 409. 5. Cf. **367. 5**. -na
    regna, 370. 1
Cupiennius, C., **407** D. *Ciceronis ad*
  eum ep., 407 D
Curiana 'Phocis', **37. 2**
Curio, *v.* Scribonius Curio
Curius, M'., **125. 3**; 126. 9, 12; 154. 5;
  157. 2; 186. 2; 413. 3
Curius, Vibius, **172. 1**
Curius Dentatus, M'. (cens. 272), 90. 5
Curtilius, 360. **1**; 364. 2
Curtius Nicias, **126. 10**; 265. 2; 293.1;
  295; 296. 3; 299. 3, 4; 317. 2;
  353. 2; 363. 3; **397. 1**
Curtius Postumus, M. (?), **169. 3**;
  170. 2; 171. 1; **172. 2**; 292. 2;
  317. 1; 364. 2; 379. 3
†Curtus, **205. 3**
Cusinius, M., 279. 2; 283. 3
†Cuspius, **309. 2**
†Cutius, M., **363. 2**
Cybistra, 111. 1; 113. 2; 115. 1
Cyprus, **114. 6**, 10; 116. 9; 117. 5;
  176. 2. Cf. 114. 7
  Cyprii, 114. 6, 7; 117. 5. -rii
    legati, 115. 6
Cyrrhestica, 111. 1; 114. 2
Cyrus, *v.* Vettius Cyrus
'Κῦρος β'' (Antisthenis liber), **279. 2**.
  Κύρου παιδεία, 23. 2
Cytheris (mima), **201. 5**. Cf. 208. 5
Cytherius (*sc.* M. Antonius), **399**
Cyzicus, 51; 59. 2; 60. 6; 61

D

Damasippus (Licinius Crassus Dam-
  asippus ?), **268. 2**; 269. 1

Darius (III, rex Persarum), 113. 3
Decimius, C., **89. 9**
†Decimus, **75. 2**
Decimus, *v.* Iunius Brutus Albinus,
  D.
Deiotarus (I, rex Galatiae), 111. 2, 4;
  113. 9; 114. 2, 14; 115. 4, 14, 23;
  355. 2; **366. 1**; 372. 2; 413. 6
Deiotarus (II, filius superioris), **110. 3**.
  Cf. 114. 2
Delos, 105. 1; 176. 4
Demea (tabellarius), **302. 1**; **303. 1**
Δημήτηρ, 82.2
Demetrius (Pompeii libertus), **86. 1**
Demetrius (Attici (?) libertus), 371. 1
Demetrius (Magnes), **86. 2**; **161. 7**;
  162. 6; 176. 2
Democritus (Attici libertus?), **115. 13**
Demonicus, **380. 1**
Demosthenes *vel* Δημοσθένης, 21. 3;
  378. 2
designati (consules) (*sc.* Hirtius et
  Pansa), 363. 2; **366. 2**
Dicaearchus, **22. 2**; 30. 4; 36. 3; **116.**
  3; **126. 1**; 156. 1; 302. 2; **303. 2**;
  305. 2; **309. 2**
  Dicaearcheus deus, **116. 3**
Dida, **348. 5**
Didia lex, *v.* Caecilia et Didia lex
Dio (Syracusanus), **388**
Diochares (Caesaris libertus), **217. 7**
  Diocharinae (*sc.* litterae), 337. 1
Diodotus (Stoicus), **40. 6**
Dionysius, *v.* Pomponius Dionysius
Dionysius (Attici librarius), **79. 2**.
  Cf. 80. 3
Dionysius (Ciceronis servus), **170. 1**
Διονύσιος (II, tyrannus Syracusanus),
  176. 1
Diphilus (tragoedus), **39. 3**
Dodonaea quercus, 24. 5
Dolabella, *v.* Cornelius Dolabella
Domitius Ahenobarbus, Cn. (cos. 32),
  345. 2; 346. 3; 411. 4. Cf. 164. 3;
  170. 1

Domitius Ahenobarbus, L., (cos. 54), **10. 3**, 4; 16. 12; 44. 3; **60. 6**; **82. 2**; 89. 5; 137. 3; 147. 1, 3; **148**; 150. 1; 151. 1, 3; 153. 7; 154. 2, 3; **155. 1**; 156. 3; 158. 2; 161 A; 161 D. 3; 162. 3, 6; 162 A. 1, 3; 164. 3; 165. 1; 167. 2; 170. 1; **172. 2**; 176. 3; 183. 4. Cf. 91. 2. *V. etiam* consules. *Pompeii ad eum epp.*, 162 B–D

Domitius Calvinus, Cn. (cos. 53), **89. 6**; **90. 7**; **91. 2, 3,** 5

Drusus, Drusianus, *v.* Livius Drusus

Duris (Samius), **115. 18**

Duronius, C., **101. 2,** 3

Dymaei, **409.** 3

Dyrrachium, 17. 2; 53. 1; 67. 4; 73. 4; 162 A. 3. Dyrrachini, 67. 4

E

Egnatius (Sidicinus), **115. 23**

Egnatius Maximus, C. (?), **337. 1**; 350

Egnatius Rufus, L., **81**; 142. 4; 207. 4; 213. 3; **254. 3**; **270. 1, 2**; **272. 2,** 3; 367. 5

Eleusis, **115. 26**; 121. 2

Eleutherocilices, 113. 5

Ennius, M. (poeta), 116. 8

Ἐνυάλιος, 131.4

Ephesus, 53. 1; 92. 5; 106. 1, 2; 107. 1; 113. 1, 10; 115. 6; 116. 9; 121. 4; 122. 1, 4; 221. 1; 234. 4

Ephesius praetor, **106. 1**

Ephorus, 115. 12

Epicharmus, **19. 8**

Epicrates (*sc.* Cn. Pompeius Magnus), **23. 1**

Epicurus, 259. 2; 374. 5. Epicureus, 262. 2. -rei, 341. 1. -rea, 326. 4

Epirus, **1. 3**; 13. 1; 24. 5; 35. 2; 46; 51; 52. 1, 3; 53. 1; 58. 2; 59. 1; 61; 64. 1, 2; 65. 1; 66; 67. 1, 4; 68. 5; 90. 3; 91. 1; 95. 3; 100; 111. 1, 4; 112. 1; 114. 1; 115. 9;

124. 9; 125. 1; 167. 4; 174. 7; 176. 2; 179. 1; 198. 3; 333. 3; 412. 6; 413. 5; 414. 3

Epirotica emptio, 1. 7. -ci homines, 13. 1. -cae litterae, **113. 9**; 295. -ca XXXX, 346. 1

Eppius, M. (senator), **161 B. 1**

Equus Tuticus (*vel* Equum (Aequum) Tuticum), 115. 1

Eratosthenes, **26. 1**; 115. 18

Eros (*servus* Philotimi), **207. 1**

Eros (fort. i.q. superior), **244. 1**; 254. 3; 260. 4; 301. 1; 303. 1; 320. 4; 348. 5; 373. 2; 375. 1; 393. 1, 3, 4; 394. 1, 2; 397. 4; 409. 1, 6; 412. 1; 413. 1; 420. 7; 423. 3; 426. 5

Εὐμολπίδαι, **5. 2**

Euphrates, 111. 1; 114. 2; 125. 6

Eupolis *vel* Εὔπολις, **115. 18**; 243. 1

Eurotas (Bruti), **387. 1**

Eutrapelus, *v.* Volumnius Eutrapelus

Eutychides, *v.* Caecilius Eutychides

F

Fabatus, *v.* Roscius Fabatus

Faberius, Q., **260. 2**; 264. 1; 293. 3; 298. 2; 299. 1; 300. 1, 2; 301. 1; 304; 305. 1; **309. 1, 2**; 373. 1; 416. 3. Cf. 303. 1

Faberianum, 268. 2; 272. 2. -na causa, 300. 2. -num negotium, 302. 1; 303. 1. -num nomen, 288. 1. -na res, 281. 4

Fabius (*fort.* Q. Fabius Maximus Sanga), **21. 5**

Fabius (Vergilianus ?), Q., **161 A**

Fabius, C. (Caesaris legatus), **126. 3**; **153. 7**

Fabius Gallus, M., **162. 1**; 347. 1, 2

Fabius Luscus, **82. 3**, 4

Fabius Maximus Servilianus, Q. (cos. 142), 316

Fadius, C., **420. 1**

Fadius, L. (aed. Arpini), 393. 1; 394. 1; 397. 4

Fadius, T. (tr. pl. 57), **68. 4**

Fangones, **364. 2**

Fannius, C. (cos. 122), 89. 2; 316; 424. 2

Fanniana, 316. -na epitome, 316

Fannius, C. (tr. pl. 59), **44. 3; 139. 2; 165. 3; 217. 6**

Fausta (Milonis uxor), **101. 2, 3**

Faustus, *v.* Cornelius Sulla, Faustus

Favonius, M. (pr. 49), **14. 5; 21. 9; 73. 7;** 91. 4; 124. 7; 139. 2; 389. 1; **408. 2**

Favoniaster, **285. 3**

Fenicularius campus, 24. 5

Feralia, **164. 1**

Ficulense, **273. 1**

Figulus, *v.* Marcius Figulus

Firmum, 162 B. 1

Firmani fratres, 82. 3. -nus Gavius, **82. 3**

Flaccus, *v.* Fulvius (?) Flaccus, Valerius Flaccus

Flaminia via, **10. 2**

Flaminius circus, **14. 1**

Flaminius Flamma, **294. 1;** 370. 4; 371. 6; 377. 5; 379. 4

Flamma, *v. supra*

Flavius (incertum quis), **255**

Flavius, Cn., Anni filius (aed. cur. 304), **115. 8,** 18

Flavius, L. (pr. 58), **18. 6; 19. 4 ; 190. 2** (?)

Flumentana porta, **126. 9**

Fonteius (incertum quis), **90. 6**

Fonteius, M., **2. 1**

Fonteius, P. (P. Clodii pater adoptivus), cf. 130. 6

Formiae, **33.** 2; 131. 4; 135. 2; 139. 2; 140. 2; 142. 1; 152. 4; 153. 7; 161 B. 1, 2; 170. 1; 171. 1; 175. 2; 186. 1; 189. 1; 210. 2

Formiani, 34. 2; 408. 3. -num, **9.** 3; 24. 6; 28. 2; 29. 4; 31; 32.

1, 2; 33. 1, 2; 34. 2; 35. 3; 74. 5, 7; 128. 3; 141. 5; 142. 1; 144. 2; 147. 1; 150. 3; 154. 1; 167. 3; 174. 2; 176. 1; 177. 8; 208. 1; 361. 1; 417. 1. -nus fundus, 34. 2

Fretense mare, **198. 1**

Frusinas (fundus), **215;** 224. 4

Fufia lex, **16. 13; 89. 5**

Fuficius Fango, C. (senator), *v.* Fangones

Fufidiana, 226. 4. -ni coheredes, **224. 3.** -na praedia, 225. 3

Fufius Calenus, Q. (cos. 47), **14. 1, 5,** 6; 16. 2; 38. 1; 171. 1; 226. 2; **227. 2; 381. 1; 420. 1**

Fulvia, **366. 1**

Fulvius (?) Flaccus, Q., **75. 3,** 4

Fulvius Nobilior, M., **92. 3**

Fundi, 360. 1

Funisulanus, **97. 1; 207. 1**

Furfan(i)us Postumus, T. (quaest. 50 ?), **139. 2**

Furius Crassipes (quaest. 51 (?), Ciceronis gener), **80. 4;** 81; **124. 8; 178. 3**

Furius Philus, L. (cos. 136), 89. 2; 316. Cf. 39. 5; 40. 5

†Furnius, **219. 2**

Furnius, C. (pr. 42 (?)), **95. 1; 111. 3; 115. 11;** 143; 172. 6; 172 A; 178 A. 1

G

Gabinius, A. (cos. 58), **25. 2; 44. 3; 92. 3,** 4; 93. 1; 199. 3. Cf. 39. 3; 92. 1.

Gabinia lex, **114. 12;** 116. 7

Gabinius Antiochus (superioris libertus), **92. 4**

Gaditanus (*sc.* L. Cornelius Balbus maior), **130. 6**

Galatae, 119. 3

Galba, *v.* Sulpicius Galba

Galeo, 223. 4

Gallia, **10. 2**; 19. 2; 20. 5; 21. 11;
197. 3; 359. 1; 363. 3
Gallia ulterior, 153. 3
Galliae, **19. 2**; 153. 3; 368. 4
Galli, 134. 3; 180. 4; 362. 2
Gallicum (-ca) bellum (-la), 19. 2;
358. 1. -cus tumultus, **355. 1**
Gallius (Axianus, Q. ?), **207. 4**. Cf.
202. 2
Gallius, M. (Q.f., pr. ante 43 (?)),
235. 2
Gallus, *v.* Fabius Gallus
Gamala (Liguris filius), **262. 3**
Gavius (Firmanus), **82. 3**
Gavius, L., 115. 4; **117. 6**. Cf. 117. 7
Gavius Caepio, T., **113. 4**
Gellius (Q. Gellius Poplicola Canus?),
75. 2. *V. etiam* Canus, Kanus
Gellius Poplicola, L. (cos. 72), 260. 1
Germania, 200. 1.
Germani, 363. 3
Getae, 177. 3
Glabrio, *v*, Acilius Glabrio
Gnaeus, *v.* Pompeius Magnus
Graeceius, **385. 2**
Graecia, 21. 2; 104. 5; 118. 2; 136. 3;
141. 1, 4; 158. 1; 169. 3; 176. 2;
178. 3; 183. 1; 187. 1; 195. 10;
208. 6; 361. 2; 367. 4; 370. 3;
373. 4
Graecus, 19. 10; 20. 6; 104. 3. -ci,
36. 4; 78. 1; 103. 2; 106. 1; 114.
8, 12; 115. 15, 16, 18; 116. 3, 5;
142. 3; 254. 1; 321. 1; 425. 3.
-ce, 19. 10; 20. 6; 21.1; 173. 3.
-cus homo, 77. 1. -ci libri, 20. 7;
21. 12. -cae litterae, 90. 2. -ci
ludi, **410. 1**; -ca natio, 21. 2;
-cum poema, 16. 15
Granius (praeco), **117. 7**
Gyaros, 105. 1, 2
Γυρέων ἄκρα, **105. 1**

H

Haedui, **19. 2**
Hales (fluvius), 415. 5
†Halimetus, **81**
Hannibal, 134. 1
Hegesias, **306. 1**
Ἕκτωρ, 171. 3
Helonius, **105. 2**
Helvetii, 19. 2
Heraclides (Ponticus), **326. 4**
Ἡρακλείδειον, **381. 3**; 406. 2; **412. 6**;
416. 3; 420. 3; 421
Hercules (Πολυκλέους), **115. 17**
Herenniani coheredes, **310. 2**
Herennius, C. (tr. pl. 60), 18. 4; 19. 5
Herennius, Sex. (superioris pater),
18. 4
Hermathena, **9. 3**; 10. 5
Hermeraclae, **6. 3**
Hermes, 9. 3
Hermae, **4. 2**; 5. 2; 9. 3
Hermo (servus), 114. 4
Hermodorus *vel* Ἑρμόδωρος (Pla-
tonis auditor), **327. 1**
Hermogenes (*sc.* Clodius Hermo-
genes?), **264. 1**; 272. 2
Herodes *vel* Ἡρώδης **22. 2**; **115. 25**;
370. 3; 373. 4; 391; 406. 3;
413. 2
Hesiodus, 320. 3. ψευδησιόδειον,
142. 4
Hetereius, **348. 2**
Hieras, **413. 6**
Hierosolymarius traductor ad plebem
(*sc.* Cn. Pompeius Magnus), **29. 1**
Hilarus (Ciceronis libertus), **12. 2**
Hilarus (Ciceronis librarius), **276. 1**;
326. 1
Hilarus (Libonis libertus), **411. 1**
Hipparchus (astrologus), **26. 1**
Hippias (Pisistrati filius), **177. 3**
Hippocrates, 426. 5
Hirrus, *v.* Lucilius Hirrus
Hirtius, A. (cos. 43), **127. 2**; 195. 6,

Hirtius, A. (cont.)
11; 225. 3; 235. 1; 238. 2; 273.
3; 277; 281. 1; 283. 4; 285. 1;
289. 1; 290. 2 (sc. eius liber);
346. 2; 351. 1; 363. 3; 365. 2;
374. 4; 375. 4; 377. 2, 3; 380. 2;
383. 1, 2; 385. 1; 386. 1, 4;
390. 2; 399. Cf. 343. 1 (?); 376. 1.
V. etiam designati, Πεντέλοιπος.
Eius ad Ciceronem ep., 386. 2–3
Hirtianus sermo, 195. 11
Hispalis, 328. 1
Hispania, 85. 1; 104. 3; 132. 3; 141. 1,
2; 142. 2; 170. 1; 172. 2; 178. 4;
197. 1; 199. 1, 2; 200. 1; 200 A.
4; 221. 2; 223. 3; 244. 1; 262. 1;
359. 1
Hispaniae, 169. 3; 183. 1; 184;
187. 1; 195. 8; 199. 2, 4, 10;
200. 2; 200 A. 3; 203. 2; 204. 3;
205. 3; 206. 2; 210. 2
Hispania citerior, 277
Hispani, 362. 2
Hispaniensis casus, 199. 2. -ses res,
416. 4
Homerus, 171. 3; 175. 2.
Ὁμηρικῶς, 16. 1
Hordeonius, T., 338. 3; 412. 1
Hortalus, v. Hortensius Hortalus
Hortensius Hortalus, Q. (cos. 69),
13. 2; 14. 5; 16. 2–4; 23. 1;
45. 1; 54. 2; 90. 4; 95. 1, 2;
102. 2; 105. 2; 110. 5; 115. 13;
121. 2; 125. 7; 126. 9; 195. 6;
303. 2; 305. 3; 309. 3; 310. 4;
316; 323. 1; 325; 326. 5. Cf. 53.
4; 75. 3, 5; 83. 3; 115. 8; 117. 9
Hortensiana, 83. 3
Hortensius Hortalus, Q. (pr. 45 (?)),
117. 9; 203. 1; 208. 5; 209. 1,
3; 217. 6; 307. Cf. 126. 9; 195. 6
Hortensiana, 210. 1
Hostilius Saserna, 379. 3
Hostilius Tubulus, L. (pr. 142), 316
Hydrus, 398. 3; 410. 3

Hypsaeus, v. Plautius Hypsaeus

I

Ialysus (Protogenis), 41. 4
Iconium, 113. 1, 2; 114. 4
Idaeus pastor (sc. Paris), 18. 3
Iguvium, 137. 3
Ἰλιάς malorum, 161. 3
Ilium, 53. 2
Illyricum, 197. 3; 200. 1; 227. 1
Insteius, M. (tr. pl. 42), cf. 359. 1 (?)
Interamna, 21. 5
Interamnates, 90. 5
Isauricum forum, 114. 9
Isidorus (tabellarius), 214; 215
Isocrates, 21. 1; 115. 12
Issus, 113. 3; 120. 2
Italia, 14. 4; 19. 4; 36. 1; 41. 1; 46;
52. 1; 58. 2; 60. 7; 73. 4; 76;
133; 135. 4; 141. 1, 4; 144. 2;
146. 1; 147. 1; 151. 2; 152. 4;
153. 1, 4, 5, 7; 155. 2; 160. 1;
161. 2, 4; 161 D. 1, 5, 6; 162 C.
3; 166. 2; 167. 3; 170. 1; 172. 4;
174. 4, 5; 176. 2; 177. 3–6; 189.
1, 2; 193; 195. 2, 6, 10; 199. 4,
10; 201. 2; 204. 3; 217. 6; 218. 2,
4; 221. 2; 223. 1; 227. 1; 230. 1;
383. 3; 389. 3; 412. 6; 414. 2
Iulia (M. Antonii mater), cf. 371 A. 3
Iulius Caesar, C. (dictator), 12. 3; 13.
3; 17. 11; 21. 6, 9; 23. 3, 4; 27.
3; 30. 2; 36. 2; 38. 3; 39. 3, 5;
41. 5; 44. 2, 3; 60. 3; 63. 1;
88. 2; 89. 6–8; 90. 7, 9, 10;
91. 3; 92. 5; 93. 2; 95. 3; 97. 4;
99. 2; 103. 4; 104. 2; 105. 2;
106. 3; 113. 7, 8; 114. 3; 115. 25;
121. 4; 123. 5; 124. 1, 3–5, 7;
125. 7; 127. 2; 129. 2; 130. 4, 5;
131. 5; 132. 2; 134. 1, 4, 5;
135. 6; 138. 1, 2; 139. 2, 3; 140.
1, 2; 141. 2–4; 142. 2, 3; 145. 3;
146. 1; 147. 1, 3; 148; 150. 1;

Iulius Caesar, C. (*cont.*)
151. 4; 152. 1; 153. 5, 7; 158. 1;
160. 2; 161. 5, 7; **161** D. 2, 3,
8; 162 B. 1, 2; 162 C. 1–3; 162
D. 1; 164. 1; 165. 1, 2; 165 A.
1–3; 166. 1; 167. 4; 169. 1, 2;
170. 2; 171. 2; 172. 1, 6; 174. 3;
174 A. 1, 2; 174 B. 1–3; 175. 2;
176. 1, 3, **4**; 177. 10; 178. 1, 2, 4;
179. 1; 180. 1, 7; 181 A. 1;
182. 1, 3; 183. 1, 4; 184; 185. 1;
188. 2; 194. 2; **195**. 6, 8, **11**;
198. 3; 199. 5; 199 A. 1, 2; 200. 1;
200 A. 1–5; 201. 1–3; 205. 1;
217. 3, **6**, 7; 218. 2, 5; 219. 2;
220. 2; 221. 1; 223. 1, 3; 229. 1;
232. 2; 234. 4; 235. 1, 2; 237. 1;
239. 2; 243. 2; 245; 260. 1;
281. 1; 283. 4; 286. 2; **289**. **1**;
290. 2; 292. 2; 293. 2; 294. 2;
296. 3; 298. 1; 299. 2; 301. 2;
302. 3; 314; 317. 2; 318. 3; 321.
5; 323. 2; 324; 326. 2; 327. 3;
328. 1; 329. 5; 330. 1; 336. 1;
337. 1; 338. 3; 339; 340; 341. 2;
345. 1; **346. 2**; 348. 1, 3; 349. 1;
352. 1; 353. 1; 355. 2; 356. 3;
359. 1; 360. 1; 363. 3; 364. 1;
366. 1; 367. 2, 4, 6; 367 A. 2;
371. 3, 6; 372. 3; 375. 2; **380. 2**;
407 A. 2–5; 407 B. 1, 2; 407 C.
2, 3; 407 E. 1; 411. 2. Cf. 36. 1;
80. 1, 2; 124. 2; **126. 3**–5, **11**;
127. 3; 128. 5; 130. 6, 7; 131. 4;
132. 3, 4; 135. 2, 5; 136. 1;
137. 2; 142. 1; 143; 144. 1, 2;
145. 1, 2; 146. 2; 150. 2; 152. 4;
153. 2, 3, 6; 160. 1; 161. 2–4;
161 D. 7; 162. 2; 163. 1, 2;
166. 2; 167. 1; 171. 1, 3; 174. 1,
2; 176. 2; 177. 3, 7, 9; 180. 4;
181 A. 2; 182. 2; 183. 2, 3; 186. 1;
187. 1, 3, 4; 188. 1; 189. 2, 4;
190. 3; 195. 1–4, 9, 10; **199. 2**–4,
6, 8; 201. 5; 204. 1, 3; 206. 1;

210. 2; 218. 1, 7; 219. 1; 220. 1;
225. 2; 226. 1; 227. 1, 2; 229. 3;
230. 1; 231. 2; 236. 2, 3; 237. 2;
299. 3; 334. 1; 338. 2; 343. 1;
353. 2; 355. 1; 359. 2; 360. 2;
363. 2; 364. 2; 365. 1; 368. 2–4;
376. 1; 381. 3; 397. 2, 3. *Eius ad
Ciceronem epp.*, 172 A; 185. 2,
3; 199 B; *ad Oppium et Balbum*,
174 C; 181 A. 1; *ad Pedium*, 182.
1. *Ciceronis ad eum epp.*, 178 A;
223. 2.

Iulia lex, **103. 2**; 109. 3; 113. 5.
Iuliae leges, 38. 2

Caesariana celeritas, 422. 1. -ni ter-
rores, 122. 2

Iulius Caesar, L. (cos. 64), **10. 2**; 11.1;
260. 1; 371. 2; 371 A. 3; 382

Iulius Caesar, L. (superioris filius),
91. 5; 137.2; 138. 1; 140. 2;
141. 2; 142. 2; 143; 162. 2

Iulius Caesar Octavianus, C. (C.
Octavius), **359. 3**; 360. 1; 364. 3;
365. 2; 366. 2; 374. 5; 375. 4;
379.3; 390. 2; **418. 1**; 419; 420. 6;
425. 1. Cf. 423. 4; 425. 2; 426. 3

Iulius Caesar Strabo Vopiscus, C. (aed.
cur. 90), **114. 13** (ut vid.); 326. 4

Iunia (M. Lepidi uxor), **362. 1**. Cf.
115. 25

Iunia et Licinia lex, **29. 1**; 89. 5

Iunia Tertia, *v.* Tertulla

Iunius, **251. 2**

Iunius Brutus, D. (cos. 77), **261. 2**

Iunius Brutus, L. (primus consul),
44. 3; 343. 1

Iunius Brutus, M. (tr. pl. 83), 182. 2

Iunius Brutus, M. (Q. Servilius
Caepio Brutus), **44. 2**, 3; 110. 6;
111.4; 113. 6; **114. 10**, 12, 13;
115. 2–7; **116. 1**, 7–10; 117. 5–7;
214; **250. 1**; **251. 4**; 252; 254. 2;
257. 3; 260. 1; 266. 3; 268. 1;
275. 2; 276. 1; 279. 1; 308. 2;
310. 3; 311. 2; 312. 2; 313; 315;

Iunius Brutus, M. (cont.)
316; **317. 2**; 318. 3; **319.** 1, 2;
320. 1; 321. 1, 5; 323. 1, 2; 324;
327. 1; 329. 3, 4; 330. 2; **331. 1,**
2; 333, 2, 3; 334. 3; 336. 1, 3;
338. 2; 341. 1; 342. 2; **343.** 1;
344. 2; 345. 2; 346. 3; **355. 2**;
356. 3; 359. 1; 361. 1; 362. 1, 2;
364. 1; 365. 1; 366. 3; 368. 7;
369. 2, 3; 370. 2, 3; 371. 4;
371 A. 5; 372. 1, 5; **373. 4**; 374.
3–5; 376. 1; 377. 5; 378. 2;
380. 2; 381. 2, 3; 382; 383. 1, 2;
386. 1, 2; **387. 1,** 2; 388; 389. 1,
2; 390. 1; 392; **394. 1, 2**; 395. 2;
396. 1, 2; 397. 2, 3; 398. 1;
399; 400; 401; 403; 404. 1, 2;
405; 406. 2; 408. 1, 2; 409. 1, 3,
6; 410. 1–3; 411. 1, 4; **412.** 1, **3**;
413. 6; 415. 1, 5, 7, 8; 416. 4;
418. 2; 425. 1. Cf. **115. 25**; 375. 3;
389. 3. V. etiam Bruti, liberatores
Iunius Brutus Albinus, D. (cos. desig.
43), 367. 2; **381. 1**; 383. 3; 388;
389. 2; **408. 1**; 419; **420. 5**. V.
etiam Bruti, Postumius
Iunius Silanus, D. (cos. 62), **10. 2**;
260. 1
Iuppiter, **165. 2**
Iuventas, **18. 3**
Iuventius Laterensis, M. (pr. 51),
38. 2; 44. 3; 255
Iuventius (?) Talna (iudex), **16. 6**
Iuventius Talna (pater), **414. 1**. Cf.
327. 4
Iuventius Talna (filius), **299. 4**. Cf.
327. 4

K

Kanus (sc. Q. Gellius Poplicola
Canus?), **302. 4**. V. etiam Canus

L

Labeo, (Pacuvius Antistius?), **320. 4**

Labienus, T. (tr. pl. 63), **130. 6**;
134. 1; 135. 5; **136. 1**; 137. 3;
139. 3; 140. 1, 2; **152. 3**
Lacedemon, **387. 1**.
Lacedaemonii, 199. 7
Laco, v. Abuttius (?) Laco
Laconicum, **84. 2**. Λακωνική σκυτάλη,
201. 3
Laelius, D. (tr. pl. 54), **161 D. 1**;
162 A. 3; 218. 2; 225. 1; 226. 2.
Cf. **226. 1**
Laelius Sapiens, C. (cos. 140), 89. 2;
126. 10; 316. Cf. **39. 5**; 40. 5
Laenas, v. Popilius Laenas
Laenius, M. (Attici familiaris), **113.**
8; 114. 4, 10; 115. 6; 117. 5
Λαιστρυγονίη, V. Τηλέπυλος, **33. 2**
Lamia, Lamianus v. Aelius Lamia
Lanuvium, 283. 1; 284. 2; 285. 3;
286. 2; 287. 1; 338. 1; 350;
356. 4; 358. 1; 361. 1; 364. 1;
374. 1; 375. 1; 381. 2; †387. 1;
394. 2; 397. 2
Lanuvinum, 176. 4; 180. 6; 338. 2;
348. 1
Laodicaea, 108. 1, 3; 109. 2; 110. 6;
113. 1, 5, 9; 114. 4, 9; 115. 1, 9,
24, 25; 116. 1, 4; 117. 9; 120. 2
Larinum, 81; 135. 2; 137. 3
Lartidius, **124. 9**
Laterensis, v. Iuventius Laterensis
Laterium, **77. 3**; 190. 1
Latina, (sc. feriae), **8. 1**.
-ni, 254. 1. -ne 173. 3. -nus
'Αττικισμός, 93. 1. -nus commen-
tarius, 19.10. -ni libri, 20. 7; 21.
12. -na lingua, 294. 3
Latinitas, 126. 10; 366. 1
Lavernium, **131. 4**
†Leius, **113. 8**
Lentulus, v. Cornelius Lentulus
Leonides, 370. 3; 373. 4; **391**
Lepidus, Lepidianus, v. Aemilius
Lepidus
Lepreon, **116. 3**

Lepta, *v.* Paconius (?) Lepta

Lesbos, 176. 2

Leucata, 102. 1

Leucopetra (Tarentinorum), **414. 1**

Leucopetra (= Capo dell'Armi), **415. 1**

Leuctrica pugna, **115. 26**

Liberalia, **115. 12**; 176. 4; 364. 1; 368. 2

liberatores (*sc.* Caesaris interfectores, praesertim M. Brutus et Cassius), 366. 2. heroes *vel* ἥρωες (idem), 358. 2; 360.1; 365. 1; 390. 2. tyrannoctoni, 360. 2; 369. 1; 426. 3. Cf. 359. 2; 368. 3, 5; 371 A. 8; 374. 3; 376. 2; 377. 3; 381. 2, 4; 383. 3; 386. 1, 4; 388; 394. 2; 397. 2; 415. 1. *V. etiam* Antiates

Libertas, **74. 3**; **89. 8**

Libo, *v.* Scribonius Libo

Libo (annalium scriptor, *fort.* L. Scribonius Libo, cos. 34), **303. 2**; 305. 3; 336. 3

Licinia lex, *v.* Iunia et Licinia lex

Licinius Archias, A. (poeta), **16. 15**

Licinius Crassus, L. (cos. 95), 89. 3; 292. 2; 326. 4; 362. 1

Licinius Crassus, M. ('triumvir'), **14. 3, 4**; 17. 9; 18. 6; 23. 3; 24. 2; 25. 2; **41. 3**; **42. 5**; 60.1, 3; 68. 5; 86. 1; **87. 1**. *V. etiam* Calvus, consules

Licinius Crassus, P. (cos. 97), **263. 2**

Licinius Crassus, P. (filius superioris), 263. 2

Licinius Crassus Damasippus, *v.* Damasippus

Licinius Crassus Dives, P. (cos. 205), **9. 3** (ut vid.)

Licinius Crassus Dives, P. (pr. 57), **33. 2**; **44. 4**

Licinius Crassus Dives Mucianus, P. (cos. 131), **96. 2** (?)

Licinius Lucullus, L. (cos. 151), 305. 3

Licinius Lucullus (Ponticus), L. (cos. 74), **10. 3**; 14. 5; **19. 10**; 44. 3; 310. 4; 320. 3; 323. 1; 326. 5. *V. etiam* Agamemnon, Luculli, 'Lucullus'

Licinius Lucullus, M. (Pontici frater), *v.* Terentius Varro Lucullus

Licinius Lucullus, M. (Pontici filius), **310. 2**; **374. 1**

Licinius Macer, C. (pr. 68), **9. 2**

Licinius Murena, L. (cos. 62), 260. 1; 310. 4

Ligarii, 336. 3

Ligarius, Q., cf. **328. 4**
Ligariana oratio, **320. 2**; 326. 2; 328. 1; 336. 3

Ligarius, T., **336. 3**

Ligurinus Μῶμος (*sc.* Aelius Ligus, tr. pl. 58?), **113. 6**

Ligurius, A., **220. 2**

Ligus, *v.* Aelius (?) Ligus

Ligus (*sc.* P. Aelius Ligus, cos. 172?), **262. 3**

Ligus, L., **142. 4**; 360. 1 (?)

Literninum, 205. 2

Livia, **131. 3**

Livineius Regulus, L. (pr. anno incerto), **62. 1**

Livineius Trypho, L. (superioris libertus), **62. 1**

Livius Drusus, M. (cos. 112), **125. 8** (ut vid.)

Livius Drusus Claudianus, M. (pr. 50?), **27. 3**; **89. 5**; 90. 9; 91. 5; 260. 2; 261. 3; 262. 3; 269. 1; 272. 2; 276. 2; 279. 2; 280. 2; 283. 3; 285. 2; 286. 1

Drusiani (horti), 264. 2

Livius Ocella, L., *v.* Ocella

Locri, 115. 18

Lollius (Oviae maritus), **260. 4**

Lollius Palicanus, M. (pr. ante 68), **10. 1**; 18. 5

Lucceius, Cn., **378. 1**; 410. 3

Lucceius, L. (M.f.), **114. 13**
Lucceius, L. (Q.f., pr. 67), 7. 1; **14. 7**;
17. 11; 21. 9; 83. 4; 85. 2; 86. 2;
113. 8; 115. 23; 126. 6; 167. 3;
178. 3. Cf. **1. 5**; 4. 1; 6. 2; 8.
3
Luceria, 135. 2; 144. 1; 151. 1, 2, 4;
152. 3; 153. 5, 7; 160. 2; 161. 4;
161 A; 162 B. 2; 162 C. 2
Lucilius, C. (poeta), 351. 3
Lucilianus vallus, **420. 1**
Lucilius, Sex. (tr. mil.), **113. 4**
Lucilius Bassus, **242. 2**
Lucilius Hirrus, C. (tr. pl. 53), **89. 5**;
124. 7, 8; 161 A
Lucius, v. Saufeius, L.
Lucretius (Vespillo ?), Q., **89. 5** (?);
148; 149; 156. 3
Lucrinus, 370. 1. Cf. 367. 5; 395. 1
Lucrinenses res, **84. 1**
Luculli, **16. 15**; 260. 1
Lucullus, v. Licinius Lucullus
'Lucullus' (sc. Ciceronis liber de
Academicis), 305. 3
Lupercus, **242. 1**
Lupus, v. Rutilius Lupus
Lurco, v. Aufidius Lurco
Lutatius Catulus, Q. (cos. 102),
74. 3–5; **75. 2**; **80. 2** (?); 326. 4
Lutatius Catulus, Q. (cos. 78), **13. 2**;
16. 5; 20. 3; 34. 2; **44. 3**, 4; **80.**
2 (?); 260. 1; 320. 3; 323. 1;
326. 5. V. etiam †Catelus,
'Catulus'
Lycaonia, 108. 3
Lycaonium forum, 114. 9
Lycia, 176. 2
Lycii, 119. 3
Lycurgei, **13. 3**

M

Macedonia, 44. 3; 46; 53. 1, 2; 113. 1
Macedonicae legiones, 418. 2
Macer, v. Licinius Macer

Macro, **81**
Madarus (sc. C. Matius), **356. 2**
Maecia tribus, 90. 9
Magius, N. (Pompeii praefectus
fabrum), **174 C. 2; 181**; 181 A. 1
Magius Cilo, P., **318. 3**
Magnus, v. Pompeius Magnus
Mallius, **16.16**
Mamilius, Octavius, 177. 3
Mamurra (Caesaris praefectus fab-
rum), **130. 6; 353. 1**
Manilius, M'. (cos. 149), 89. 2; 316
Manlius (Torquatus?) Acidinus, **271.**
2
Manlius Acidinus Fulvianus, L. (cos.
179): Acidini, **75. 3**
Manlius Torquatus, A. (pr. 70 (?)),
94. 5; 97. 2; **114. 10**; 115. 6;
138. 2; 175. 1
Manlius Torquatus, L. (cos. 65), 260.
1
Manlius Torquatus, L. (pr. ante 49,
ut vid.), **92. 3; 135. 4**; 147. 1;
161 B. 1; 175. 1; 326. 4. V.
etiam 'Torquatus'
Manlius Torquatus, T. (?), **255;**
317. 1; 328. 1; 337. 2; 339;
351. 2; 380. 1; **420. 8**
Marathonia pugna, 177. 3
Marcelli, 124. 5; 167. 4
Marcellinus, v. Cornelius Lentulus
Marcellinus
Marcellus, v. Claudius Marcellus
Marcianus, v. Tullius Marcianus
Marcius Censorinus, L. (cos. 149),
316
Marcius Censorinus, L. (cos. 39),
364. 2
Marcius Coriolanus, C., 177. 3
Marcius Figulus, C. (cos. 64), 11.1;
260. 1. V. etiam Minucius
Thermus
Marcius Philippus, L. (cos. 91), **153. 6**
Marcius Philippus, L. (cos. 56),
114. 11; **183. 4**; 195. 10; 253;

Marcius Philippus, L. (*cont.*)
    254. 1; 353. 1; 365. 2; 366. 2;
    425. 2. Cf. **390. 2.** *V. etiam*
    Amyntae filius
Marcius Rex, Q. (cos. 68), **16. 10**
'Marius' (Ciceronis poema), **292. 2**
Marius, C., 177. 3; **199. 7.** *V. etiam*
    supra
Marianae (*sc.* aquae), **16. 10**
'Marius, C.' (Pseudomarius), **292. 2;**
    360. 1; 361. 1; **362. 1**
Mars, **389. 1**
    Martius campus, 18. 4; 89. 8;
    245; 330. 1. Cf. 75. 4; 90. 7
Marsi, 137. 3
Maso, *v.* Papirius (?) Maso
Massilia, 206. 2
    Massilienses, 201. 4; 204. 3; **368. 6**
Matinius, P., **114. 10**; 115. 5; **117.** 5
Matius, C., **178. 2;** 179. 1; 180. 4;
    184; 186. 1; 348. 4; 357. 1;
    358. 1; 379. 3. Cf. **355. 1.** *V.*
    etiam Calvenna, Madarus. *Eius*
    et Trebatii ad Ciceronem ep., 184
†Maxiana(m), **408. 1**
Megabocchus, **27. 3**
Megarica signa, **4. 2**; 5. 2
Melita (insula), 49; 198. 1; 199. 10;
    200. 1, 3; 201. 2
Melita (δῆμος Atheniensis), 112. 3
Memmiana epistula, **115. 10**
Memmius, C. (L.f., pr. 58), **18. 3;**
    30. 2; 89. 6; 90. 7; **91. 2,** 3, 5
    (ut vid.); 104. 6; 115. 23. *V.*
    etiam Paris
(Memmius, C. (C. f., tr. pl. 54)), cf.
    91. 5
Menedemus, **379. 2;** 381. 4
Menelaus (*sc.* M. Terentius Varro
    Lucullus), 18.3
Menniana praedia, **94. 2**
Menophilus (Attici librarius), **79. 2.**
    Cf. 80. 3
Mentor *vel* Μέντωρ, 175. 2
Mescinius Rufus, L. (quaest. 51),

118. 1; 120. 2. Cf. **104. 4**; 109. 3;
    117. 1
Μεσοποταμία, 178. 4
Messalla, *v.* Valerius Messalla
Messius, C. (tr. pl. 57), **73. 7**;
    90. 9; 161 D. 2
Metellina oratio, *v.* Caecilius Metel-
    lus Nepos
Metella, Metellus, *v.* Caecilia (-lius)
    Metella (-lus)
†Metellus, **18. 1**
Metio, **293. 3**
†Metius, **406. 3**
Meto (astrologus), **239. 2**
Metrodorus (tabellarius?), **378. 2**
Micyllus, **349. 1**
Miletus, 176. 2
Milo, Milonianus, *v.* Annius Milo
Μίμας, **423. 2**
Minerva, 9. 3; 175. 2. Cf. **126. 3**
Minturnae, 94. 5; **137. 2**; 161 B. 1; 179.
    1; 192. 1; 205. 2; **422. 1**; 423. 1
    Minturnenses litterae, 96. 2
Minucia via, 172. 1
Minucius (argentarius?), **225. 3;**
    226. 2
Minucius Basilus, L. (pr. 45), **216. 3**
Minucius Thermus (pr. ante 66. fort.
    i.q. C. Marcius Figulus, cos.
    64), **10. 2**
Minucius Thermus, Q. (pr. ante 52),
    106. 2; 113. 10; 114. 14; 115. 13;
    137. 3; 147. 1
Misenum, 13. 5; **199. 10;** 374. 2;
    377. 2
Moeragenes, **108. 3**; 115. 13
Molo, *v.* Apollonius Molo
Μῶμος, **113. 6**
Moneta, **155. 3**
Montanus, *v.* Tullius Montanus
Mucia (Pompeii uxor), **12. 3**
Mucius Scaevola, P. (cos. 133),
    19. 4; 316
Mucius Scaevola, Q. (Augur; cos.
    117), **89. 2,** 3; **115. 4**

29

Mucius Scaevola, Q. (Pontifex Maximus; cos. 95), **110. 5**; 115. 15; **153. 6**; 183. 2

Mucianus exitus, 179. 1

Mucius Scaevola, Q. (tr. pl. 54), **91. 4**; **92. 4**; 176. 3

mulieres (*sc.* Pilia, Pomponia, Terentia, Tullia, vel duae vel plures), 93. 1; 121. 1; 137. 3; 138. 3; **141. 5**; **142. 1**; 144. 2; 147. 2

Mulviana controversia, **35. 4**

Mulvius pons, 330. 1

Mummius (Achaicus), L. (cos. 146), 303. 2; 309. 3; 311. 1; 424. 2. Cf. 310. 4; 312. 1

Mummius, Sp. (superioris frater), 303. 2; **309. 3**; **310. 4**; 312. 1

Mummius, Sp. (Ciceronis amicus), **310. 4**

Munatius Plancus, C., *v.* Plotius Plancus

Munatius Plancus, L. (cos. 42), **294. 1**; **309. 2** (?); **408. 1**

Munatius Plancus Bursa, T. (tr. pl. 52), **115. 10**. Cf. **364. 2**

Mundus, **404. 5**; 408. 1

Murcus, *v.* Staius Murcus

Murena, *v.* Licinius Murena, Terentius Varro Murena

Musae *vel* Μοῦσαι, 16. 5; 24. 2; 25. 2

Musca (Attici servus, ut vid.), **281. 1**

Mustela ('ταξιάρχης'), *v.* Seius (?) Mustela

Mustela (Scapulae heres), **285. 2**; 288. 1; 307; 308. 1; 312. 1; 314

Myrtilus, **417. 2**; 420. 5

Mytilenae, 104. 6. Mytilenaeus (*sc.* Cn. Pompeius Theophanes), **130. 6**. -aei, 104. 4

N

Nanneiana (*vel* -ni ?), **16. 5**

Nar, **90. 5**

Narbo, 277

Nares Lucanae, **48**

Nasica, *v.* Caecilius Metellus Pius Scipio Nasica

Nasidius, L. (praefectus classis, 47), **229. 3**

Naso (*fort.* Voconius Naso), **255**

Natta, *v.* Pinarius Natta

Neapolis, 85. 2; 170. 1; 183. 4; 364. 3; 371. 2; 371 A. 3; 377. 3; 413. 6; 415. 1

Neapolitani, 205. 1. -num, 375. 3. -nus sermo, 125. 5

Nemus, **115. 25**; 382

Nepos, *v.* Caecilius Metellus Nepos, Cornelius Nepos

Nero, *v.* Claudius Nero

Nesis, **409. 1**; 411. 1; 412. 3; 413. 6

Nestor, 371 A. 2

Nicaea, 355. 2

Nicanor (Attici servus vel libertus), **96. 3**; 113. 9

Nicasiones, **241**

Nicias, *v.* Curtius Nicias

Nigidius Figulus, P. (pr. 58), **22. 3**; 148

Ninnius Quadratus, L. (tr. pl. 58), **68. 4**; 208. 4

Nolanum, 313

Nonius (Struma?), M. (pr. 55?), **115. 13**

Nonius Sufenas, M. (tr. pl. 56), **90. 4**; 165. 3

Numerianum raudusculum, **125. 7**

Numerius Rufus, Q. (tr. pl. 57), cf. **73. 6**

Numestius, N., **40. 1**; 42. 7; 44. 1, 5

O

Ocella (*sc.* L. Livius Ocella ?), **201. 4**; 205. 3; 209. 3; **421**

Octavianus *vel* Octavius, *v.* Iulius Caesar Octavianus

Octavii pueri, Cn. filii, **347. 1**

Octavius, C. (pr. 61), **21. 12**

Octavius, Cn. (incertum quis), 347. 1

Octavius, M. (aed. cur. 50), **114. 5**; 115. 21

Offilius, A., **340**

Ollius, **345. 2**

Olympia, 303. 2 (= τὰ ᾿Ολύμπια), 403; 415.5

Onchesmites (ventus), **125. 1**

Opimius, **91. 3**

᾿Οποῦς, ᾿Οποὖντιοι, 116. 3

Oppii (Velienses), 137. 1; 146. 2; **155. 3**; 198. 3. Cf. **136. 5**

Oppius, C., **89. 8**; 94. 2; 97. 3; 174. 3; 174. B. 1; 217. 3; 218. 5; 219. 1; 225. 2; 229. 2; **230. 1, 2**; 250. 2; 257. 2; 268. 2; 285. 3; 301. 1; 326. 2; 348. 1, 3; 352. 1; **355. 1**; 412. 5; **421**; 426. 3. Cf. 218. 1; 237. 1; 293. 2; 296. 3; 298. 1; 302. 3; 314. *Eius et Balbi ad Ciceronem epp.*, 174. *Caesaris ad eum et Balbum epp.*, 174 C; 181 A

Oppius Cornicinus, Cn. (senator), **74. 4**

Ops, 115. 17; 368. 5; 373. 1; 425. 4

Orodes (rex Parthorum), **111. 1**; 114. 2; 115. 14

Oropus, 262. 2

Osaces (dux Parthorum), **113. 3**

Ostiense, 262. 3; 268. 2

Otho, *v.* Roscius Otho

Otho (Scapulae heres; fort. Roscius Otho), 276. 2; 277; 279. 2; 280. 2; 281. 4; 282. 1; **284. 3**; 285. 2; 300. 1; 302. 4; 309. 2. Cf. 288. 2

Othones, 408. 2

Ovia, **260. 4**; 263. 1; 270. 2; 329. 4; **412. 1**

Ovius, **409. 5**

P

Paccius, M., **89. 1**

Pacciana epistula, 89. 7

Paciaecus, *v.* Vibius Paciaecus

Paciliana domus, **14. 7**

Paconius (?) Lepta, Q. (Ciceronis praefectus fabrum), **110. 2**; 115. 22; 122. 2; 153. 7; 179. 1; 182. 3; **183. 1**; 202. 2; 219. 1; **338. 2**; 345. 1; 346. 3; 404. 1; 426. 3

Pacorus (Orodis filius), **111. 1**; 363. 3. Cf. 114. 2

Paestum, 229. 3

Paestanus sinus, 414. 1

Paetus, *v.* Papirius Paetus

Palatina palaestra, 24. 7

Palicanus, *v.* Lollius Palicanus

Pammenes, **113. 10**

Pammenia, **116. 10**

Pamphilus (Attici servus vel libertus), **125. 2**

Pamphylia, 176. 2

Pamphylium forum, 114. 9

Panaetius *vel* Παναίτιος, **179. 2**; **313**; **420. 4**

Panhormus, **19. 10**

Pansa, *v.* Vibius Pansa

(Παφίη (dea), **92. 4** (?))

Papia lex, **92. 4**

Papirius Carbo, Cn. (cos. 85, 84, 82), 182. 2

Papirius (?) Maso, L. (?), **97. 2**

Papirius Paetus, L., **20. 7**; 21. 12; 85. 2; 370. 1

Parilia, **28. 2**; 84. 3; 368. 1

Paris (*sc.* C. Memmius), 18. 3. *V. etiam* Idaeus pastor

Parthenon (Bruti), **343. 1**

Parthus, 102. 1; 109. 4. Parthi, 104. 4; 111. 1; 113. 2, 3; 114. 2, 9; 115. 14; 116. 6; 121. 3; 125. 8; 302. 3

Parthus Pacorus, 363. 3

Parthicum bellum, 114. 2; 115. 3, 14; 124. 2; 298. 1. -cus casus, **150. 3**. -cum otium, 107. 1. -cae res, 161. 7

Patavinus Clodius, **285. 3**

Patrae, 102. 1; 125. 3; 216. 4; 221. 1; 227. 4; 235. 2; 236. 2; 414. 1

Patro(n) (Epicureus), **104, 6**; 112. 3; **125. 4, 5**

Patulcianum nomen, **373. 2**

Paulus, *v.* Aemilius Paulus

Pedius Q. (cos. suff. 43), **182. 1.** *Caesaris ad eum ep.*, 182. 1

Peducaeus, Sex. (pr. 77), 190. 1. Cf. **1. 4**; 296. 3

Peducaeus, Sex. (superioris filius), **1. 4**; 9. 1; **136. 3**; 138. 3; 141. 1; 174. 2; 177. 10; 180. 6; 190. 1; 191; 291; 293. 1; 296. 3; 304; **384**; 416. 3; 420. 1; 425. 4; 426. 4. Cf. 188. 2

†Pelanum, **187. 3**

Pella, 53. 2

Πειρήνη, 242. 1

Πελληναίων (Πολιτεία), 22. 2

Pelopidae, 366. 2; 389. 3

Peloponnesus, 116. 3; 204. 4
    Peloponnesiae civitates, 116. 3

Pelops (Byzantinus), **362. 1**

Pentelici Hermae, **4. 2**

Πεντέλοιπος (*sc.* A. Hirtius), 379. 4. Cf. 375. 4

Pericles, 134. 3

Περιπατητικά, 326. 4

Perses, 199. 2. Περσική porticus (Bruti), **387. 1**

Petreius, M. (pr. 63 (?)), **152. 3**; 200. 1

Phaedrus *vel* Φαῖδρος (Epicureus), **342. 2**; 415. 4

Phaetho (M. vel Q. Ciceronis libertus), **53. 2**

Phalaris, 144. 2
    Φαλαρισμός, **135. 2**

Phamea, **176. 4**; **180. 6**; 347. 1, 2

Pharnaces (rex Bosphori), **236. 2**; 237. 2

Pharnaces (Attici librarius), **300. 3**; 336. 3

Phemius (Attici servus?), **113. 9**; 114. 9; 115. 13

Philadelphus (Attici servus vel libertus?), **7. 2**

Philargyrus, **183. 5**

Philippicae orationes (Demosthenis), 21. 3

Philippus, *v.* Marcius Philippus

Philippus (rex), **16. 2**

Philippus (manceps?), **105. 3**; **106. 3**

Philo (Pompeii libertus), **411. 1**

Philogenes (Attici libertus), **106. 2**; 113. 8; 116. 1, 10; 117. 1; **128. 3**; **130. 2**

Philomelium, 113. 1

Philotimus (Terentiae libertus), **24. 7**; 84. 2; 96. 1; 97. 3; 101. 3; 110. 1; 112. 1; **115. 9, 19**; 117. 1; 126. 1, 7; 143; 146. 2; 147. 1, 2; 148; 151. 1; 155. 3; 166. 1; 171. 1; **174. 6**; 176. 2, 3; 196. 3; 198. 3; 199 A. 2; 200. 1; 202. 1; 207. 1; 227. 5; 232. 2; 233. 2; 234. 4; **242. 1**; **285. 3**; 289. 1. Cf. **118. 3**; 119. 1, 2; **123. 2**; 124. 1, 9; **211. 1, 2** (?)

Philotimus (Ciceronis librarius), **198. 2**; **309. 1**

Philoxenus (poeta), **83. 2**

Philoxenus (Q. Ciceronis servus vel libertus), **125. 5**; **313**

Philus, *v.* Furius Philus

Φλιοῦς, 116. 3

'Phliasii', 116. 3

'Phocis' Curiana, **37. 2**

Φωκυλίδης, **85. 1**

Phryges, 124. 6

Picenum, **145. 2**; **147. 1**; 148; 151. 1; 158. 1; 162 A. 1; 162 B. 2; 169. 2
    Picena, **136. 1**
    Picenus ager, 140. 2; 153. 4; 161 B. 1
    Picentes, 150. 1
    Picentinae cohortes, 162 C. 2

Pilia, **78. 2**; 81; **89. 4**; **104. 7**; 115. 22; 116. 10; 117. 10; 118. 3; 119. 4;

Pilia (*cont.*)
122. 15; 128. 1; 154. 4; 207. 4;
239. 2; 245; 248. 1; 251. 4; 255;
263. 3; 265. 2; 266. 6; 267. 3;
272. 3; **276. 1**; 281. 5; 289. 1;
329. 5; 347. 1; 352. 1; 356. 4;
357. 2; 369. 3; 370. 1; 371. 1;
372. 6; 374. 5; 376. 1; 378. 1;
409. 6; 413. 6; 414. 4; **415. 8**.
V. etiam mulieres

Pilius, M., **302. 4**

Pilius Celer, Q., **92. 5**; **117. 10**;
187. 2; 191; **215**; 245

Pinarius (incertum quis), **115. 23**;
165. 1

Pinarius Natta, L. (pontifex), **82. 3**

Pindarus (poeta), 341. 2

Pindarus (servus?), **409. 5**

Pindenissum, 113. 5; 115. 9
  Pindenissitae, 113. 1

Piraeus, 89. 3; 105. 1; **123. 1**; 124. 1;
126. 10

Πειρήνη, 242. 1

Pisaurensis Drusus (*sc.* M. Livius
  Drusus Claudianus), **27. 3**

Pisidae, 119. 3

Pisistratus, 144. 2; 166. 2 (*sc.* C.
  Iulius Caesar); 177. 3

Piso, *v.* Calpurnius Piso, Pupius Piso

Piso (incertum quis), **301. 1**; 307; 309.
  2; 311. 2; 319. 2; 320. 4; 323. 2

Pituanius, **90. 2**

Placentia, 123. 5

Plaetorianum incendium, **113. 8**

Plaetorius (incertum quis), **394. 1**

Plaguleius, **199. 3**

Plancius, Cn. (quaest. 58), **12. 2**;
  58. 2; 67. 1

Plancus, *v.* Munatius Plancus, Plotius
  Plancus

Plato *vel* Πλάτων, 21. 8; **89. 3**; 136. 5;
  180. 4; 199. 6; 327. 1

Plautius Hypsaeus, P. (pr. 56 (?)),
  53. 3

Plautus (iudex), **16. 6**

Plotia lex, **18. 6**

Plotius (unguentarius), 338. 3

Plotius, A. (pr. 51), **108. 1**

Plotius Plancus, L. (C. Munatius
  Plancus, pr. 43), **309. 2** (?);
  364. 2; 407. 1; 407 A. 4; 407 B.
  2; 407. C. 2–4; 407. D; 407 E. 1;
  407 F. 1, 2; **408. 3**; 409. 2;
  411. 3; 412. 5. *Ciceronis ad eum
  epp.*, 407 A; 407 B; 407 E

Polla, **331. 3**

Pollex (Ciceronis servus), **157. 1**;
  214; **338. 1, 3**; 339; 345. 1

Pollio, *v.* Asinius Pollio

Polybius, 303. 2

Polycharmus (praetor Atheniensis),
  104. 6

Πολυκλῆς (pictor), **115. 17**

Πουλυδάμας, 25. 1; 124. 4

Pompeia (Caesaris uxor), cf. **13. 3**

Pompeia (Magni filia), cf. **249**

Pompeii, 208. 4

  Pompeianum, 20. 1; 21. 11; 24. 6;
  85. 2; 95. 1; 96. 1; 207. 4; 208. 4;
  313; 369. 3; 370. 1; 371. 1, 3;
  372. 1; 373. 1, 4; 374. 1, 2, 4;
  377. 2; 412. 4; 413. 6; 414. 1;
  415. 8; 417. 2; 420. 6

Pompeius, Q. (cos. 141), 316

Pompeius Magnus, Cn., **10. 2**; 12. 1,
  3; 14. 1–4, 6; **16. 11**, 12; 17. 10;
  18. 6; 19. 3, 4, 7; 20. 5; 21. 6;
  23. 3, 4; 25. 2; 30. 1, 2; 33. 2;
  36. 2; **39. 2–5**; 40. 1, 2; 41. 6;
  42. 2, 5, 6; 44. 2, 3, 5; 53. 3, 4;
  54. 2, 3; 58. 1; 59. 1; **60. 1, 4**;
  63. 1; 67. 2; 68. 1, 5; 73. 6, 7;
  74. 6; 80. 2; 84. 2; 85. 1; 86. 1;
  89. 6; 90. 7; **91. 2**; 92. 1; 93. 2;
  95. 3; 97. 3; 98. 2; **99. 1**; **100**;
  104. 3; 105. 2; 111. 1; 112. 1;
  89. 6; 90. 7; **91. 2**; 92. 1; 93. 2;
  95. 3; 97. 3; 98. 2; **99. 1**; **100**;
  104. 3; 105. 2; 111. 1; 112. 1;
  114. 3, 10; **115. 3**, 6, 11, 14, **25**;

Pompeius Magnus, Cn. (*cont.*)
116. 10; 117. 4, 5; 121. 4; 122. 2;
124. 3, 4; 125. 5; 126. 5; 127. 2;
128. 3, 4; 129. 2; 130. 4, 7;
131. 4, 5; 132. 3; 133; **134**. 3–5;
135. 1, 4, 6; **137. 3**; 138. 1, 2;
139. 3; 140. 1, 2; 141. 1, 2, 5;
142, 1, 2; 143; 144. 1, 2; 145. 1,
2; 146. 1; 147. 1–3; 148; 149;
150. 3; 151. 1, 4; 152. 1, 4; 153.
1–3, 7; 154. 1; 155. 2; 156. 3;
160. 1, 2; 161. 2, 6; 162. 2, 3, 6;
163. 1; 164. 1; 165. 3; 165 A. 1,
2; 166. 2; 167, 1, 2, 4; 168; 169.
1, 2; 170. 1, 2; 171. 1, 2; 172.
2–4, 6, 7; 174. 3; 174 A. 1; 174 B.
1, 2; 174 C. 1, 2; 177. 2–7, 9; 178.
3, 4; 178 A. 2, 3; 179, 1, 3; 180. 1,
7; 181; 181 A. 1; 182. 1–3; 183. 4;
184; 187. 1, 2; 189. 2; 190. 3;
193; 194. 2; 195. 8, 9; 197. 3;
198. 3; 199. 2, 4, 5; 200. 1; 201.
1; **217. 5**; 218. 3; 224. 4; 249;
411. 1. Cf. **13.4**; 20. 2; **41. 3,**
4; 80. 1 (?); 84. 1; 104. 2; **108.1**;
115. 22; 124. 2; 126. 4; 132. 4;
135. 2; 136. 1, 2; 150. 2; 151. 2;
152. 2, 3; 153. 5; 154. 3; 155. 1;
158, 1, 2; 161. 3, 4; 164. 2; 165.
2; 166. 1; 171. 3; 174. 1, 4, 5; 174
A. 2; 176. 1, 2; 177. 8; 179. 4;
180. 2–4; 181 A. 2; 183. 2, 3; 187.
3; 188. 2; 189. 2; 195. 1–4; 198.
1; 199 A. 2; 206. 1; 213. 3; 214.
V. etiam Arabarches, consules,
Epicrates, Hierosolymarius,
Sampsiceramus. *Eius ad Ciceronem
epp.*, 161 A; 161 C; *ad consules*,
154. 2; 162 A; *ad L. Domitium*,
162 B; 162 C; 162 D. *Ciceronis ad
eum epp.*, 161 B; 161 D.
Pompeia lex, 195. 8; **347. 1**
Pompeianus cistophorus, **26.2.**
-na laus, 14. 3. -ni prodromi,
12. 1

Pompeius Magnus, Cn. (superioris
filius), **238. 1**; 277; 285. 3
Pompeius Magnus, Sex., **277; 355. 2**;
358. 1; 362. 2; 367. 2; 376. 2;
397. 3; 398. 3; 399; 408. 1;
409. 4; 411. 2
Pompeius Rufus, Q. (tr. pl. 52), **91. 5**
Pompeius Theophanes, Cn., **25. 1**;
30. 2; **37. 3**; 104. 3; 162. 5; 167.
3; 178. 3; 396. 1. *V. etiam*
Mytilenaeus
Pompeius Vindillus, Cn. (?), **115. 25**
Pomponia, 1. 3; 2. 2; 21. 11; 23. 4;
24. 1, 7; 94. 3; 220. 2. Cf. **1. 2**,
8; **4. 1**; 6. 1, 5; **17. 3**; 27. 5;
68. 5; 94. 4; 112. 3; 113. 9; 116.
2; 117. 8; 120. 1; 122. 3; 128. 3;
138. 3; 202. 1; 207. 4; 341. 1, 2;
342. 1; **344. 1**; 354. 1; 364. 4;
372. 3; 406. 3; 407. 2
Pomponius Atticus, T. (Q. Caecilius
Pomponianus Atticus), **12. 1**;
28. 1; 29. 4; 30. 4; 36. 3; 40. 5;
49; 54. 2; 60. 7; 64. 3; 67. 3;
68. 2; 74. 5; 92. 2; 115. 20;
116. 8, 9; 121. 4; 124. 4; 130. 7;
161. 3; **172. 5**, 7; 199. 6; 239. 1;
257. 4; 262. 1; 302. 4; 341. 2;
366. 1; 370. 3; 371. 5; 374. 3;
393. 2; 397. 2; 402. 2, 3; 407 A.
1–5; 407 B. 1, 2; 407 C. 1; 407 E.
1, 2; 407 F. 1; 412. 2; 414. 2;
415. 3; 420. 3; 422. 2; 423. 1;
426. 5. *Eius avia*, **8. 1**
Pomponius Dionysius, M. (Attici
libertus), **82. 1**; 86. 2; 87. 1;
88. 2; 90. 1, 10; 92. 5; 93. 2;
96. 3; 102. 3; 115. 12, 13; 116. 3;
126. 10; 127. 1; 128. 3; 130. 1;
131. 1; **142. 3**; 150. 3; 156. 1;
157. 1; **159**; **179. 2**; 183. 5;
192. 2; 208. 1; **304**; 330. 1. Cf.
156. 2
Pomptina tribus, 90. 9
Pomptinum, **128. 3**

Pomptinus, C. (pr. 63), **92. 4**; 94. 5;
    97. 2, 4; 98. 1; 99. 1; 101. 1;
    103. 1; 104. 4; 113. 3; 114. 9;
    117. 1; **130. 3**
Pontianus, **285. 2**
Pontidia, **114. 14**; **115. 10**
Pontius (incertum quis), **375. 3**
Pontius, L., **10. 3**
Pontius, L. (Ciceronis hospes), **95.** 1;
    96. 1, 3; 97. 1; 125. 2; 126. 12
Pontius Titinianus, 189. 2. Cf. **172. 6**;
    176. 1; 187. 2; 194. 2
Popilius (?) Laenas (senator?), **250. 2**;
    251. 1: 255
Popilius Laenas, P. (cos. 132), 305. 3
Porcia (Catonis soror), **345. 2**; 346. 3.
    Cf. 170. 1
Porcia (Catonis filia), 389. 1. Cf.
    329. 4
Porcius Cato, C. (tr. pl. 56), **89. 5**,
    6; **90. 4**
Porcius Cato, M. (Vticensis), 13. 3;
    14. 5; 16. 12; 17. 9; 18. 7; 21. 8,
    10; 25. 1; 29. 1, 2; 41. 1; **60. 2**;
    90. 7, 8; 91. 4; 92. 4; **115.** 5, 7, **13**;
    116. 8; **124. 7, 8**; **125. 7**; **126. 5**;
    139. 2; 203. 2; **208. 3**; 218. 2, 4;
    260. 1; 281. 1; 283. 4; 285. 1;
    290. 2; 323. 1; 326. 4; 348. 1;
    409. 6; **415. 4**. Cf. 114. 13; **240. 2**;
    310. 2. *V. etiam* 'Cato', Pseudo-
    cato
Porcius Cato, M. (superioris filius),
    310. 2
Porsenna, Lars, 177. 3
Posidonius, **21. 2**; **420. 4**
Postumia (Ser. Sulpicii uxor), **114. 9**,
    14; 200. 3; 249; **261. 2**. Cf.
    201. 4
Postumius (*sc.* D. Iunius Brutus
    Albinus?), **114. 9**
Postumius, T. (?), **139. 2**
Postumius Albinus, A. (cos. 151),
    305. 3
Postumius Albinus Magnus, Sp.

(cos. 148), **303. 2**
Postumus, *v.* Curtius Postumus
Praeneste, 238. 2
Praecianum, 124. 9; -na, **263. 3**. -na
    hereditas, **123. 2**
†Predus (*i.e.* Precius?), **176. 4**
Procilius (scriptor), **22. 2**
Procilius (tr. pl. 56?), **89. 5**; 90. 4
Protogenes (pictor), **41. 4**
Pseudocato, **14. 6**
Ψυρίη, **423. 2**
Ptolemaeus (Auletes, rex Aegypti),
    84. 1. *V. etiam* Alexandrinus rex
Publicianus locus, 279. 2
Publilia, **271. 1**. *Eius mater*, 271. 1
Publilius, **256. 2**; 263. 1; 267. 3;
    271. 1; 350; 352. 2; 372. 4; 412.
    1; 414. 3
Publilius Syrus, **356. 1**
Publius, Pulchellus, Pulcher, *v.* Clo-
    dius Pulcher, P.
Pupius Piso Frugi, M. (cos. 61),
    12. 4; 13.3, 6; 14. 1, 5; **16.** 1, **8**;
    326. 4. Cf. **13. 2**; 14. 6; **16. 12**
Puteoli, 13. 5; 84. 1; 126. 9; 178. 1;
    180. 7; 183. 4; 189. 3; 195. 8;
    337. 2; 339; 348. 2; 353. 2;
    397. 3; 404. 3; 406. 1; 408. 2;
    425. 1, 2
Puteolani, 95. 2. -num, 361. 1;
    374. 1; 377. 2, 3; 378. 1; 405;
    409. 1. -nus C. Andronicus,
    108. 3. -nus mos (?), 368. 1;
    -num raudusculum, **122. 5**. -na
    regna, 370. 1. -nae res, **84. 1**
Pyrenaeus, 153. 7

Q

Quinctius, L., **132. 1**
Quinquatrus, **178. 2**; 180. 2
Quinti (*sc.* Cicerones), 221. 1; 374. 3.
    Cf. 221. 2
Quintius Flamininus, T. (cos. 150),
    316

Quintus (frater, pater; filius, puer), v. Tullius Cicero, Q.
Quirinalis collis, 247
Quirinus, 290. 2; 299. 3

R

Rabiriana domus, 2. 1
Rabirius, C. (perduellionis reus), 21. 3
Rantius, 91. 3
Ravenna, 124. 4
Reatini, 90. 5; 175. 1
Rebilus, v. Caninius Rebilus
Regia, 194. 1
Regillus, v. Aemilius Regillus
regina (sc. Cleopatra), 362. 1; 374. 2; 377. 5; 381. 4; 393. 2; 394. 2
Reginus, v. Antistius Reginus
Regium, 195. 12; 414. 1
Regini, 415. 1
Regulus, v. Atilius Regulus
Rex, v. Marcius Rex
Rhinton (poeta), 20. 3
Rhodos, 21. 2, 9; 111. 4; 120. 2; 122. 4; 176. 2; 224. 1; 232. 2
Rhodii, 104. 4; 105. 1; 106. 1; 122. 4; 202. 4
Rhosica vasa, 115. 13
Roma vel urbs, passim. Romani cives, 111. 2; 114. 6, 8; 366. 1. -ni equites, 18. 3; 77. 1; 128. 4. -nus homo, 19. 10; 126. 10; 199. 2. -ni ludi, 337. 1; 338. 2. -na mysteria, 115. 26. -nus populus, 16. 6; 134. 1; 178 A. 2; 179. 3; 198. 1; 368. 3; 412. 3. -nae res, 14. 5, 6; 18. 2; 89. 8; 90. 4; 122. 5. -ni rustici 180. 4
Romulus, 21. 8
Roscius Fabatus, L. (pr. 49), 162. 2
Roscius (?) Otho, v. Otho
Roscius Otho, L. (tr. pl. 67), 21. 3
Roscia lex, 39. 3
Rosea, 90. 5

Rubriana, 420. 2
Rufio (sc. C. Sempronius Rufus), 95. 2; 368. 2
Rupilius, P. (cos. 132), 305. 3
Rutilia (Cottae mater), 258. 2; 261. 2
Rutilius Lupus, P. (pr. 49), 162 A. 4; 167. 2
Rutilius Rufus, P. (cos. 105), 89. 2

S

Sabinus ager, 175. 1
Sacra via, 75. 3
Salamis (Cypri), 115. 6. Salamini, 114. 10–12; 115. 5, 7; 116. 7, 9. -nus senatus, 116. 8
Salas, 270. 1
Saliarem in modum, 102. 1
Sallustius (quaest. 51), cf. 119. 3
Sallustius, Cn., 7. 1; 8. 3; 222. 2; 229. 1; 235. 2
Sallustius, P., 222. 2
Salus, 73. 4; 290. 2
Salvius (Attici librarius), 174. 1; 336. 3; 412. 6
Salvius (Caesaris libertus), 210. 1
Samnium, 161 D. 3; 162 C. 1; †374. 2; 420. 6
Samos, 106. 1; 218. 7
Samius Duris, 115. 18
Sampsiceramus (sc. Cn. Pompeius Magnus), 34. 1; 36. 2; 37. 1, 2; 43. 2, 3
Sara, 393. 2
Sarapio, v. Cornelius Scipio Nasica Sarapio
Sardanapalus, 199. 7
Sardinia, 169. 3; 208. 3
Saserna, v. Hostilius Saserna
Saturnalia, 113. 1, 5; 353. 1
Satyrus, v. Caninius Satyrus
Satyrus (Attici servus vel libertus), 261. 2
Saufeius, Ap., 115. 10
Saufeius, L., 8. 1; 28. 1; 83. 1; 115.

Saufeius, L. (*cont.*)
10; 123. 4; 124. 1; **125. 4**; 373. 4;
381. 2, 3; 413. 2

Saxa, **343. 2**

Scaeva, *v.* Cassius Scaeva

Scaevola, *v.* Mucius Scaevola

Scaptius, M., **114. 10–12**; 115. 5–7;
116. 7, 8; 117. 5; **416. 4**

Scaptius, M. ('qui in Cappadocia
fuit'), **115. 4**; 117. 5. Cf. 416. 4

Scapula, 276. 2; 279. 2; 283. 3
Scapulani (horti), 276. 2; 281. 4;
294. 2; 320. 4; 330. 1. Cf. 285. 2;
292. 3; 296. 3; 298. 2; 299. 1;
350

Scaurus, *v.* Aemilius Scaurus

Scipio, *v.* Caecilius Metellus Pius
Scipio, Cornelius Scipio Afri-
canus

Scribonius Curio, C. (cos. 76), **14. 5**;
16. 1, 13; 44. 3; 60. 3; 65. 2;
260. 1. Cf. **16. 10**; 44. 2; 57. 2;
195. 6

Scribonius Curio, C. (tr. pl. 50),
27. 3; 28. 1; 30.2 ; 38. 1; 39. 3;
44. 2, 3; 115. 23, 25; 116. 6;
117. 4; 130. 5; 143; **162 C. 1**;
182. 2; 183. 1; 195. 6–8, 12;
196. 2; 198. 1, 2; 199. 2, 10;
201. 3, 4; 203. 1; 204. 2; 208. 3.
Cf. **14. 5**

Scribonius Libo, L. (tr. pl. 149), 316

Scribonius Libo, L. (cos. 34), **135. 2**;
161 B. 2; 178. 4; **254. 3**; 257. 2;
411. 1, 2. *V. etiam* Libo

Scrofa, *v.* Tremellius Scrofa

Sebosus, **34. 2**; 35. 3

Seius, M., **106. 2**; **249**

Seius (?) Mustela, **420. 3**

Seleucia Pieria, 235. 1

Selicius, Q. (?), **12. 1**
Seliciana uncia, **93. 2**

Sempronius (Asellio ?) Rufus, C.,
116. 10. *V. etiam* Rufio

Sempronius Tuditanus, C. (pater vel

filius (cos. 129)), **303. 2**; 305. 3;
309. 3; 310. 4; 311. 1

Septem Aquae, **90. 5**

Septimia, **420. 1**

Septimius, C. (scriba), **44. 2**

Septimius, C. (pr. 57?), **250. 2**; 251. 1

Serapion (geographicus), **24. 1**; 26. 1

Serapion, **209. 1**

Sergius Catilina, L., **10. 1**; **11. 1**;
14. 5; **16. 9**; **21. 3**

Serranus, *v.* Atilius Serranus

Servilia (M. Bruti mater), **97. 1**;
115. 10; 319. 2; 323. 2; 386. 4;
389. 1, 2; 390. 1; **394. 2**; 401;
416. 4. Cf. **44. 3**; **329. 4**; 375. 3;
388

Servilia (Claudii uxor), **258. 2**

Servilius, M., **117. 10**

Servilius Ahala, C. (mag. eq. 439),
44. 3; 343. 1

Servilius Caepio, Cn. (cos. 141), 316.
Cf. 258. 2

Servilius Caepio, Cn. (superioris
filius), **258. 2**

Servilius Casca, *v* Casca

Servilius Casca Longus, P. (tr. pl.
33), **426. 3**

Servilius Isauricus, P. (cos. 48, 41),
19. 9; **21. 10**; **90. 9**; **92. 4**; 216. 3

Servilius Vatia Isauricus, P. (cos. 79),
115. 16; 260. 1

Servius, *v.* Sulpicius Rufus

Sestius, L. (quaest. 44), **394. 2**; 411. 4;
412. 4

Sestius, P. (tr. pl. 57), **62. 1**; 64. 2;
65. 3; 68. 4; 75. 3; 110. 4; 115.
23; 141. 2; 165. 3; **218. 1**; **301. 2**;
314; 347. 1; 355. 2; 356. 3;
406. 1; **413. 6**; **417. 1**; 425. 2. *V.
etiam* Cosanus. Σηστιωδέστερος,
141. 2

Sextilius, **360. 1**
Sextilianus fundus, 364. 2

Sextus, *v.* Peducaeus (filius), Pompeius
Magnus

Sicca, **48**; 49; 262. 3; 264. 1; 265. 1, 2; 266. 1; 267. 1; 270. 1; 272. 1; **273. 1**, 3; 372. 4; 394. 1; 414. 1; **420. 1**

Sicilia, 21. 5; 115. 18; 130. 4; 139. 2; 153. 7; 162 A. 3; 162 C. 3; 169. 3; 190. 2; 195. 8, 9; 198. 3; 203. 2; 208. 3; 235. 2; 236. 2; 267. 3; 387. 1; 389. 1

Siculi, 21. 5; 104. 5; 203. 2; **366. 1**

Siculus Epicharmus, 19. 8

Sicinius, **97. 3**

Sicyon, **13. 1**; 218. 7; 219. 2

Sicyonii, 19. 9; 20. 4; 21. 10; **33. 2**; 41. 6

Sidicinus Egnatius, 115. 23. *V. etiam* Teanum Sidicinum

Sidon, 176. 2

Silanus, *v.* Iunius Silanus

Silius, A. (?), *v.* †Asyllius

Silius, P. (pr. ante 51), **115. 13**; **124. 8**; 205. 3; 256. 2; **261. 3**; 262. 3; **264. 1**; 265. 1; 266. 1; 267. 1; 268. 1; 269. 1; 270. 1; **272. 1**, 3; 273. 3; 280. 2; 283. 3; 285. 2; **294. 2**; **312. 1**; 314; **348. 4**, 5; 400; 401. Cf. 272. 2

Siliani (*sc.* horti), 272. 2; cf. 264. 2; 268. 2. -num negotium, 266. 1. -na villa, 266.1

Silius Nerva, P. (cos. 20), cf. **272. 1**

Sinuessa, 184; 185. 1

Sinuessanum, 378. 1; 379. 1; **422. 1**, 2. 423. 1. -num deversoriolum, **362. 1**

Sipontum, 183. 1; 198. 1

Σιποῦς, Σιπούντιοι, 116. 3

†Siregius, **394. 1**

Siser, P., **224. 1**

Sittius, P., 394. 1

Smyrna, 176. 2

Socrates, 89. 3; 152. 4; **363. 1**

Σωκρατικῶς, **23. 3**

Socratici viri, 363. 1

Solon, 190. 2

Solonium, **23. 3**; 29. 1

Sophocles, 27. 4

Sopolis (pictor), **92. 4**

Sositheus (Ciceronis anagnostes), 12. 4

Sosius, C. (pr. 49), **154. 1**; 167. 2

Σπάρτα, **20. 3**; **83. 2**

Spartacus, 116. 8

Spintharus (Ciceronis servus), **333. 3**

Spinther, *v.* Cornelius Lentulus Spinther, P. (filius)

Spongia (iudex), **16. 6**

Staberius, Q., 313

Staius Murcus, L. (pr. 45), **238. 1**

Statilius, L., **250. 2**; 251. 1

Statius (Q. Ciceronis servus, dein libertus), **38. 4**; 39. 1; 94. 3; 116. 1, 2; 175. 1; **242. 1**; 393. 1; 396. 2; 398. 1

Statius, Sex., **115. 6**

Stoica, 326. 4

Strabo, 255

Stratyllax (*sc.* M. Antonius), **426. 3**

Strenia, **404. 4**

Suettius (Brinnii heres), **320. 4**

Sufenas, *v.* Nonius Sufenas

Sulla, Sullanus, sullaturit, *v.* Cornelius Sulla

Sulmo, 156. 3; 162. A. 1

Sulpicius Galba, P. (pr. ante 65), **10. 1**

Sulpicius Galba, Ser. (cos. 144), 316

Sulpicius Galba, Ser. (pr. 54), **176. 3**

Sulpicius Rufus, P. (tr. pl. 88), 326. 4

Sulpicius Rufus, Ser. (cos. 51), **25. 2**; 114. 9; **126. 3**; 141. 3; 151. 3; 187. 2; **189. 2**; 194. 2; 198. 2; 200. 3; 201. 4; 203. 4; 205. 2; 206. 1–3; 207. 1, 2; **218. 4**; **224. 1**; 231. 2; 249; **254. 3** (?); 318. 1; 329. 2; 372. 4, 5; 373. 3; **384.** Cf. **191**

Sulpicius Rufus, Ser. (superioris filius), **97. 1**; 200. 3. Cf. **114. 14**; **115. 10**; 187. 2; 191; 194. 2; 201. 4; 206. 3

Sunium, 126. 10

Sybota, **102. 1**

Synnada *vel* Synnas, **109. 2**; 113. 1
  Synnadense forum, **114. 9**

Syracusae, 208. 3; 414. 1; 420. 7

Syria, 16. 8; 85. 1; 111. 1; 113. 3;
  117. 2; 118. 1; 119. 3; 122. 5;
  167. 4; 224. 1

Syros, 105. 1

Syrus (Attici servus vel libertus),
  261. 2; 394. 1 (?)

T

Tadius, **1. 6**; 4. 1
  Tadianum negotium, 4. 1. -na res,
  1. 6

Talna, *v.* Iuventius (?) Talna

Tarentum, 51; 98. 2; 99. 1; 183. 1;
  225. 3
  Tarentini, 414. 1
  Tarentinum, **51**

Tarquinius Superbus, 177. 3

Tarquitius, L., **122. 4**

Tarracina, 128. 3; 161 B. 1

Tarsus, 109. 4; 110. 6; 113. 3; 114. 7;
  118. 1
  Tarsenses, 114. 7

Tartessius (*sc.* L. Cornelius Balbus),
  126. 11

Tauromenium, 420. 7

Taurus, 108. 3; 111. 1; 114. 7, 14
  Tauri pylae, 113. 2

Teanum (*sc.* Apulum), 135. 2

Teanum (Sidicinum), 137. 3; 138. 1;
  161 B. 2; 161 D. 2; 420. 6

Tebassi, **364. 2**

Τηλέπυλος Λαιστρυγονίη (*sc.* Formiae)
  33. 2

Tellus, 425. 1

Τέμπη, 90. 5

Tenea, **116. 3**

Terentia, **1. 8**; 11. 1; 12. 1; 23. 4;
  24. 5; 27. 5; 29. 4; 30. 4; 35. 4;
  50; 53. 4; 54. 3; 64. 2, 3; 68. 5;
  115. 10; 118. 2; 124. 9; 125. 2;

126. 12; 135. 6; 136. 3; 137. 1;
  140. 1, 2; 146. 2; 150. 3; 195. 12;
  208. 5; 222. 2; **227. 5**; 231. 3;
  234. 3; **256. 2**; 257. 4; 258. 1, 2;
  260. 3; 261. 1; 262. 2; 276. 3;
  338. 3; 414. 3; 426. 5. Cf. 18. 1;
  118. 3; 119. 1; 172. 4; **211. 2** (?);
  220. 3; **229. 1**; **234. 2**; 236. 1;
  267. 1. *V. etiam* mulieres

Terentius (eques Romanus), **77. 1**

Terentius (tr. pl. 54), **91. 3**

Terentius (incertum quis), **115. 13**

Terentius, L., **229. 3**

Terentius Afer, P. (poeta), 126. 10

Terentius Culleo, Q. (tr. pl. 58),
  60. 5; 162. 5

Terentius Hispo, P., **221. 1**

Terentius Varro, M. (Reatinus), **40. 1**;
  41. 6; 42. 4; 45. 1; 53. 3; **60. 1,
  3**; 63. 1; 74. 5; **88. 1**; **89. 2**; 104.
  3; 306. 1; **320. 3**; **321. 1**; 322. 1;
  323. 1; 325; 326. 3, 5; 327. 1;
  329. 1, 3; 330. 1; 331. 2; 332. 1;
  333. 3; 334. 2; 336. 2; 351. 3;
  383. 3; 404. 5; 416. 3; 417. 2;
  419; **420. 3**; **421**. Cf. **345. 2**

Terentius Varro Gibba, M. (tr. pl.
  43), **345. 2** (ut vid.)

Terentius Varro Lucullus, M. (cos.
  73), **18. 3**; 74. 4; 310. 4. *V.
  etiam* Luculli, Menelaus

Terentius Varro Murena, A., **224. 1**;
  348. 4, 5

'Tereus' (Accii fabula), **410. 1**; 412.
  3

Terminalia, **115. 1**

Tertulla (*sc.* Iunia Tertia), **374. 2**;
  389. 1

Tettius Damio, **75. 3**

Teucris *vel* Τεῦκρις, **12. 1**; 13. 6;
  14. 7

†Thallumetus, **105. 2**

Themistocles, **134. 3**; **177. 3**
  Themistocleum consilium, 199. 4.
  -eum exsilium, 199. 7

39

Theophanes *vel* Θεοφάνης, *v.* Pompeius Theophanes
Theophrastus *vel* Θεόφραστος, **23.** 4; **29. 2**; 36. 3; 115. 18
Theopompus *vel* Θεόπομπος, 115. 12; **281. 2.**
  Theopompium genus **26. 2**
Theopompus (Cnidius), **314**
Thermus, *v.* Minucius Thermus
Thesprotia, 117. 2
Thessalia, 67. 4
Thessalonica, 17. 4; 53. 1, 2, 4; 54. 3; 55. 1, 3; 56. 1; 57. 3; 58. 2; 59. 1; 60. 6; 64. 1; 65. 3; 67. 4
Thetis, cf. 171. 3
Thrasybulus, **153. 6**
Thucydides, **124. 6**; **199. 7**
Thurii *vel* Thurium, 50; 189. 3
Thyamis (flumen), 125. 3
Thyillus (poeta), **5. 2**; 12. 2; 16. 15
Tiberis, 257. 1; 330. 1; 393. 2
Tiberius, *v.* Volusius (?), Ti.
Tibur, 413. 1. Tiburs, 164. 3
Tigellius, **347. 1**; 348. 3; 349. 2. Cf. 347. 2
Tigranes (I, rex Armeniae), **24. 2**; 27. 2
Tigranes (superioris filius), **53. 3**
Timaeus, 115. 18
Timotheus (Milonis libertus), cf. **119. 2**
Tirenus pons, **423. 1**
Tiro, *v.* Tullius Tiro;
Tisamenus (Attici servus vel libertus), **247**
Titinius (fort. i.q. sequens), **24. 1**
Titinius, Q. (senator), **114. 5**; 142. 4; **172. 6**; 176. 1; **187. 2**; **194. 2.** Cf. **189. 2**
Titus *vel* Τίτος, *v.* Pomponius Atticus
Torquatus, *v.* Manlius Torquatus
'Torquatus' (*sc.* liber primus de Finibus), 305. 3; 312. 1
Tralles, 107. 1
Transpadanus, **104. 2.** -ni, **95. 3**;

130. 6
Transtiberini (*sc.* horti), 262. 3
Trebatius Testa, C., **141. 3**, 4; 176. 4; 179. 1; **183. 4**; 184; 186. 1; 190. 3; 202. 4; 203. 1; 219. 1; 317. 1; 331. 3. *Eius et C. Matii ad Ciceronem ep.*, 184
Trebonius, C. (cos. suff. 45), **82. 2**; **153. 7**; 217. 3; 235. 1; 279. 2; 283. 3; 364. 1
Treboniani (*sc.* horti), 284. 3
Trebulanum, **95. 1**; 96. 1–3; 97. 1; 125. 2; 126. 12
Tremellius Scrofa, Cn. (pr. ante 59), **97. 2**; **115. 13**; **124. 8**; 327. 4
Tres Tabernae, **13. 1**; 30. 2; 31; 33. 1
Triarius, *v.* Valerius Triarius
Tritia, **116. 3**
Tritones piscinarum, **29. 1**
Trophonius, Iuppiter, cf. **116. 3**
  Trophoniana Chaeronis narratio, **116. 3**
Τρῶες, 25. 1; 124. 4; 135. 3; 166. 2; 321. 2; **332. 1**
  Τρῳάδες, 25. 1; 124. 4
Troianum, **180. 6**
Trypho, *v.* Caecilius Trypho
Tubero, *v.* Aelius Tubero
Tubulus, *v.* Hostilius Tubulus
Tuditanus, *v.* Sempronius Tuditanus
Tullia *vel* Tulliola, **1. 8**; **4. 3**; **6. 6**; 8. 3; 28. 2; 64. 2; 73. 4; 78. 2; 89. 4; **115. 10**; 118. 2; **122. 1**; 123. 5; 126. 12; 135. 6; 136. 3; 140. 3; 191; 192. 2; 199. 1, 9, 10; 199 A. 1; 205. 1; 210, 1; 217. 4; 228; **229. 1**; 234. 1; 239. 2; 241; 248. 1. Cf. 18. 1; 55. 2; 60. 4; 64. 3; 74. 7; 90. 4; **97. 1**; 152. 4; **172. 4**; 200 A. 1; 212. 2; **213. 1**, 3; 218. 6; 220. 3; **231. 3**; 232. 3; 234. 2; 236. 2. *V. etiam* mulieres
Tullianum caput, **404. 4.** -nus semis, **408. 1**

Tullii (*sc.* Marcianus et Montanus), 296. I

Tullius, L. (Ciceronis legatus), **97. 2**; 104. 4; 107. 2; 114. 5

Tullius, M. (scriba), **97. I**, 2; 161 B. 4; 329. 4. Cf. **151. 2**

Tullii Cicerones (*sc.* M. et Q. filii), 110. 3; III. 4; 113. 9; 115. 12; 136. 3; 142. I; 144. 2; 156. I; 159; 172. 4. Cf. 120. 2; 135. 3; 141. 4; 143; 150. 3; 151 D. I; 191; 195. 5; 200. 2; 202. 4; 304

Tullii Cicerones tres (*sc.* M. et Q. patres, Q. filius), 125. 3

Tullius Cicero, L., **I. I**

Tullius Cicero, M. (oratoris pater), cf. **2.2**

Tullius Cicero, M. (orator), 109. 3; 124. 4; 126. 5; 130. 7: 165 A. I; 171. 2; 174 B. I; 181 A. 2; 199. A. I, 2; 200 A. I, 5; 355. 2; 367 A. 3; 371 A. 3; 386. 3; 407 C. I. *V. etiam* Tullii Cicerones tres

Tullius Cicero, M. (oratoris filius), 18. I; **27. 5**; 68. 5; 90. 10; 92. 5; 102. 3; 116. 10; 122. 5; 172. I; 186. I; 189. I; 229. I; 230. I; 244. I; 245; **257. 4**; 263. I; 266. 2; 267. I; 271. 2; **292. 3**; 294. I; **296. I**; 332. I; 346. 2; 361. 2; 365. 2; 367. 4; 370. 3, 4; 371. 5; 374. 3; 391; 393. 4; 394. I, 2; 397. 4; **409. 5**; 413. 2, 4; 417. 2; 420. 4; 426. 5. Cf. **II. I**; 55. 2; 60. 4; 64. 3; 125. 8; 152. 4; 153. 5; 195. 5; **200. 2**; 200 A. 2; 339; 425. 4. *V. etiam* Κικέρων, Tullii Cicerones

Tullius Cicero, Q. (oratoris frater), **I. 2**, 8; 2. 2; 4. I; 6. 5; 9. I; 10. 3; 14. 7; **15. I**, 2; 17. I, 2; 19. II; 23. 4; 24. 2; 26. 2; 27. 5; **36. 4**; 53. 3; **54. I**; 56. 2; 59. 2; 60. 6; **62. I**; 63. 2; 64. 3; 67. I; 68. 5; 71; 73. 4, 8; **75. 2, 6**; 85.

2; 88. 2; 90. 10; 92. 5; 93. 2; 94. 3, 4; 103. 5; **104. 7**; 113. 5, 9; **114. 6, 9**, 14; 117. 2; 118. I; 142. 4; 156. I; 161 D. I; 172. 4; 182. 2; 207. 4; 216. 4; 217. 7; 219. 2; 221. I; 223. I, 2; 224. 2, 4; 225. 3; 226. 2; 227. 4; 232. 2; 235. I; 236. I, 3; 242. I; 248. 2; 267. 3; **338. 4**; 344. I; 349. 2(?); 351. 2; 352. 2; 364. 4; 367. 5; **379. 2**; 397. 4; 398. I, 2; 404. I; 411. I; 420. 8. Cf. 6. 5; 17. 3, 5–7; 18. I; 38. 3; 39. I; 52. 3; 53. I, 2, 4; 54. 3; 55. 2; 60. 4; 62. 3; 64. 2; 67. 2; 74. 7; **77. 3**; 89. 7; 92. 2; 115. 12, 14; 116. 2; 117. I, 2, 8; 120. I; 121. 3, 4; **123. 3**; 124. I; **126. 8** (?); 142. I; 151. I; 153. 5; 161 D. 3; 167. 4; 190. I; 192. I; 195. 5, 6; 197. 2; 202. 1–3; 218. 7; **220. 2**, 3; 221. 2; 222. 2; 223. 3; 237. I; 302. 4(?); 328. 3; 341. I, 2; 342. I; 343. 2; 346. 2; 354. I; 371. 3; 372. 3; 377. 4; 380. 2; 396. 2; **408. 2**; 409. 6. *V. etiam* Quinti, Tullii Cicerones tres

Tullius Cicero, Q. (superioris filius), **22. I**; **77. I**, 3; 85. 2; **113. 9**; 115. 12; 116. 2; 117. 8; 120. I; 123. 3; 125. 3; **197. 2**; 198. 3; 203. 3; 207. 4; 218. 7; 221. I; 227. 4; 232. 2; 235. I; 236. 3; 300. 3; **317. I**; 346. 2; 349. 2(?); 367. 5; **368. I**; 371. 3; 374. 5; 377. 4; 380. 2; **396. 2**; 399; 408. 2; 409. 6; **410. 2**; 413. 3. Cf. 24. 7; 27. 5; 68. 5; 112. 3; 121. 4; 122. 3; **195. 5, 6**, II; 201. 6; 202. I, 3; 204. 4; 216. 4; 217. 7; 219. 2; 221. 2; 226. 2; **242. I**; 244. I; **278. 2**; 298. I; **302. 4**(?); 341. I; 342. I; 343. I, 2; 344. I; **347.2** (?); 354. I; 364. 4; **372. 3**; 398. I; 404. I;

Tullius Cicero, Q. (*cont.*)
  406. 3; **416. 3**, 11; 420. 8; **425. 4**.
  V. etiam Quinti, Tullii Cicer-
  ones, Tullii Cicerones tres
Tullius Marcianus, **25. 5**; 295. *V.
  etiam* Tullii
Tullius Montanus, L., 294. 1; 295;
  370. 4; 371. 6; 373. 3; 426. 5.
  Cf. **245**. *V. etiam* Tullii
Tullius Tiro, M., 120. 2; 125. 3;
  126. 12; 128. 2; 154. 4, 5; 157. 2;
  186. 2; 195. 12; 205. 2; 240. 1;
  241; 247; 257. 4; 273. 1; 289. 2;
  292. 3; 293. 1, 3; 310. 3; 317. 1;
  333. 3; 382; 385. 1; 390. 1;
  393. 3, 4; 394. 2; 395. 1; 397. 4;
  398. 3; 407. 1; 410. 5; 423. 3;
  426. 5. Cf. **113. 9**
Tullus, *v.* Vulcatius Tullus
Turius, L. (pr. 75?), **10. 2**
Turpio ('sutorius'), 115. 15
Turranius (fort. i.q. sequens), **123. 2**,
  3; 124. 1
Turranius, D., **2. 2**
Tusci, 162 C. 1
Tuscilius, M., **162 C. 2**
Tusculanum, **1. 7**; 2. 2; 6. 1; 9. 3;
  14. 7; 21. 11; 28. 2; 29. 4; 74. 7;
  87. 1; 89. 3; 94. 3; 115. 23; 126.
  7; 128. 3; 130. 6; 176. 4; 239. 1;
  248. 1; 276. 2; 282. 3; 283. 1, 3;
  284, 2, 3; 285. 2, 3; 286. 1, 2;
  287. 1; 289. 2; 290. 1; 300. 1;
  311. 2; 315; 319. 1; 320. 4;
  321. 4; 325; 327. 3; 331. 1;
  333. 2; 341. 2; 345. 1; 351. 1, 2;
  352. 2; 353. 2; 356. 4; 380. 1;
  381. 2; 383. 2; 385. 3; 386. 2, 3;
  390. 2; 392; 394. 2; 402. 2; 404.
  2; 406. 1; 414. 4; 423. 3; 425. 2.
  Cf. **4. 2**; 6. 3; **80. 6**; 275. 1.
Tusculana(e) disputatio(nes), **379.
  4**; 381. 2, 3. -na villa, 74. 5
Tutia, **408. 2**; 412. 5
†Tutius, **25. 3**

Tyndaritani, 379. 4
Tyrannio, **26. 1**; 78. 1; 79. 2; 238. 2;
  306. 2
Tyrus, 176. 2

V

Valerius (interpres), **12. 2**; 420. 7
Valerius (*sc.* M. Valerius Messalla
  Rufus?), **23. 1**
Valerius, P., **114. 14**; **293. 1**; 295;
  322. 2; **415. 1**
Valerius Flaccus, L. (cos. 100),
  153. 6
Valerius Flaccus, L., (pr. 63), **19. 2**;
  45. 1
Valerius Messalla Corvinus, M.
  (cos. suff. 31), **271. 2**; 394. 2
Valerius Messalla Niger, M. (cos. 61),
  12. 4; 13. 3, 6; **14. 2**, 5, 6; **73. 6**.
  Cf. **13. 2**
Valerius Messalla Rufus, M. (cos.
  53), **23. 1**(?); 85. 1; 89. 6; 90. 7;
  91. 3, 5; **105. 2**; **112. 1**; **237. 2**;
  317. 2; **364. 2**; 407 A. 3
Valerius Triarius, C., **267. 3**
Valerius Triarius, P., **89. 6**; **91. 5**
Varius, P., **10. 3**
Varro, *v.* Terentius Varro
Vaticanus campus, 330.1. -ni
  montes, 330. 1
Vatinius, P. (cos. 47), **26. 2**; **27. 3**;
  29. 2; **44. 3**; 216. 4; 220. 2
Vedius (Pollio?), P., **115. 25**
  Vedianae res, 115. 25
Veiento, **91. 3**
Veiento (fort. i.q. superior), 126. 5
Velia (Romae?), 136. 5; 137. 1
  Velienses Oppii, 198. 3
Velia (oppidum), **414. 1**; 415. 5. *V.
  etiam supra*
Velina tribus, 90. 9
Velinus lacus, **90. 5**
Venafrum, 137. 3
Vennonius (annalium scriptor), **239. 1**

Vennonius, C. (negotiator), **115. 25**; 117. 5
Vennonianae res, **136. 1**
Ventidius Bassus, P. (cos. suff. 43), **409. 4**
Venuleia (uxor P. Crassi, cos. 97), **263. 2**
Venus (Apellae), **41. 4**
Venusia, 98. 1; 410. 3
Vergilius (C., pr. 62?), **286. 1**; 293. 2; **309. 2**
Verginius, **307**
Vescinum, **379. 1**
Vestorius, C., **83. 4**; 88. 1; 89. 4; 93. 1; 95. 2; **116. 3**, 10; 196. 3; 205. 2; 300. 3; 313; 320. 4; 337. 3; **338. 3**, 5; 340; 348. 2; 363. 1; **366. 3**; 374. 5; 375. 4; **381. 3**
Vestoriana haeresis, **368. 1**. -nus Rufio, **368. 2**
Vettienus, **196. 3**; **202. 5**; 205. 2; 207. 4; **239. 2**; 397. 1; 416. 3; **417. 1**
Vettius ('manceps'), 115. 15
Vettius (Chrysippus vel Cyrus?), **24. 7**
Vettius Chrysippus (libertus sequentis), **212. 3**(?); 300. 1; 363. 1
Vettius Cyrus (architectus), **23. 2**
Vettius Picens (?), L., **44. 2–4**; 80. 2(?)
Vetus, *v.* Antistius Vetus
Vibius, **40. 6**
Vibius Paciaecus, L., **238. 1**
Vibius Pansa Caetronianus, C. (cos. 43), **217. 3**; 225. 3; 251. 4; 255; 257. 3; 266. 3; 351. 3; 365. 2; **372. 2**; 374. 4; 377. 3; 390. 2; 399; 400; **409. 4**; 419. *V. etiam* designati
Vibo, 47; 49; 414. 1
Vibonensis sinus, 414. 1

Vibullius Rufus, L. (Pompeii praefectus fabrum), **148**; 151. 1; 152. 4; 161 A; 161 B. 1; 162. B 1; **165. 1**. Cf. **174 C. 2**
Victor, **368. 2**
Victoria, 336. 1
Vindillus, *v.* Pompeius Vindillus
Visellia, **416. 4**
Visellius Varro, C. (aed. cur. *c.* 59), **68. 4**
Vmbria, 162 C. 1
Voconius, **165. 3**. *V. etiam* Naso
Volaterrani, **19. 4**. -nus Caecina, **418. 2**
Volsci, 177. 3
Volumnius Eutrapelus, P., **385. 1**
Volusius, Cn., **104. 4**
Volusius, Q., **114. 6**
Volusius (?), Ti. (superioris soror), 114. 6
urbs, *v.* Roma
Vtica, 238. 1
Vulcatius Tullus, L. (cos. 66), **126. 3**; 151. 3; 160. 1; **165. 2**; 177. 7; **189. 2**; 260. 1. Cf. 164. 2; **190. 2**, 3
Vulcatius Tullus, L. (cos. 33), **363. 3**

X

Xeno (Atheniensis), **103. 5**; 104. 6; 124. 1; **346. 1**; 370. 4; 398. 2; 409. 5; 413. 2
Xeno (Apollonidensis), **106. 2**
Xenocrates, **16. 4**

Z

Zaleucus, **115. 18**
Zoster, **105. 1**

References are to the Commentary (by letter, paragraph, and line) or to the Introduction and appendices (by volume and page).

A

Acilius Caninus(?), M., 359. 1. 6
Aelius Lamia, L., v, pp. 406. f.
Aelius Ligus (tr. pl. 58), 68. 1. 6
Aelius Tubero, L., IV, pp. 467 f.
Aemilius Lepidus, M. (Triumvir), 176. 3. 5; 410. 4. 1
Aledius, v, p. 414
Allienus, A., IV, pp. 463 f.
Anagnia, 418. 1. 2
Annius Milo Papianus, T., 94. 2. 1
Antii, 91. 4. 10
Antonius, M. (Triumvir), 199 A. 1. 12; 416. 2. 1, 3. 11; 417. 2. 7; VII, p. 96
Aqua Crabra, 310. 1. 1
Arcanum, 2. 2. 2
Aristophanes, VII, p. 99
Arrius, Q., 52. 2. 5–6
Atinas Campus, II, p. 230
Attius Varus, P., IV, p. 468
Aurelius Cotta, L. (cos. 65), v, p. 407
Avius, 301. 1. 1

B

Billienus, L., 182. 2. 7
Buthrotum, 243. 2. 1; 413. 1. 3

C

Caecilia Attica, 239, introd. note
Caecilia Metella, 226. 3. 4; v, pp. 412 ff.
Caecilius Metellus, L. (tr. pl. 49), 142. 1. 7; 195. 9. 5
Caecilius Metellus Celer, Q. (cos, 60), 19. 2. 5; 25. 3. 1
Caecilius Metellus Nepos, Q. (cos.

57), 25. 3. 1
Caecilius Metellus Pius Scipio Nasica, Q. (cos. 52), VII, p. 85
'Caelius' (argentarius commenticius), 126. 11. 6
Caelius (?) (Sullae adversarius), IV, p. 466
Caelius (Faberii debitor), 306, introd. note.
Calidius, M., III, pp. 314 f.
Calpurnius Bibulus, M. (cos. 59), I, pp. 406 ff.
Camillus (Ciceronis amicus), 18.1.5
Caninius Rebilus, C., 183. 4. 2; 359. 1. 6; v, p. 412
Capua, IV, pp. 438 f.
Cassius (incertum quis), v, pp. 406 f.
Cassius Longinus, C., 415. 7. 1
Cilicia, 94, introd. note
Cispius, M., 309. 2. 5
Claudius Marcellus, C. (cos. 50), 162 A. 4. 2; III, p. 315
Claudius Marcellus, M. (cos. 51), 215. 8
Claudius Nero, Ti., 115. 10. 2
Claudius Pulcher, Ap. (cos. 54), 90. 5. 2; 113. 1. 14; 123. 5. 4
Clodia ('Quadrantaria'), v, pp. 412 f.
'Clodius' (= Cloelius), Sex., 30. 2. 13
Clodius Pulcher, P., 21. 5. 4, 20; 420. 1. 10
Cluvius, M., 337. 2. 4
Coponius, C., v, p. 408
Cornelia (P. Sestii uxor), 12. 1. 1
Cornelius Balbus (minor), L., 346. 1. 1; VII, p. 97
Cornelius Dolabella, P., 97. 1. 8; 115. 10. 2; 267. 3. 13; VI, pp. 309. f., 313 f.
Cornelius Lentulus Crus, L. (cos. 49),

Cornelius Lentulus Crus., L. (*cont*).
115. 23. 4; 138. 2. 3; III, p. 315
Cornelius Lentulus Spinther, P.
(cos. 57), 174. 3. 14
Cornelius Lentulus Spinther (filius),
P., V, pp. 412 f.
Cornelius Lentulus Vatia, Cn., 267. 3.
13
Cornelius Sulla (filius), P., 235. 2. 3
Crispus, 309. 2. 5
Cumanum (Ciceronis), 16. 10. 3;
353, introd. note; 367. 1. 3, 4;
367. 5. 2; 370. 1. 3
Curius, M'., 363. 2. 4
Curius, Q., 10. 2. 3
Curtius Postumus, M. (?), 171. 1. 12;
205. 3. 5
Cusinius, M., V, p. 412

D

Damasippus, V, p. 407
Deiotarus, 29. 1. 21; 110. 3. 1
Domitius Ahenobarbus, L. (cos. 54),
II, pp. 236 f; IV, pp. 448 ff.

E

Egnatius Maximus, C., 408. 1. 4

F

Faberius, Q., V, p. 399
Fabius Gallus, M., 112. 1. 3
Fannii, C. (duo), V, pp. 400 f.
Fufius Calenus, Q., 219. 2. 1
Fulvia, 420. 1. 10
Fulvius Nobilior, Q., 219. 2. 1
Furfan(i)us Postumus, T., VII, pp. 96 f.
Furius Crassipes, 219. 2. 1

G

Gabinius, A. (cos. 58), 92, introd.
note; 92. 1. 9
Gallius Axianus, M., 408. 1. 4

H

Habra, 12. 3. 4
'Herodes' (commenticius), 115. 25. 1
Hirtia, 249. 7
Hirtius, A. (cos. 43), VI, pp. 311 f.
'Hister', 104. 6. 6 (cf. VII, p. 96)
Hortensius Hortalus, Q. (cos. 69),
52. 2. 5–6; 115. 8. 15; 121, introd.
note; 260. 1. 6; I, pp. 7, 19, 21
Hortensius Hortalus, Q. (filius), 125.
7. 1.

J

'Julia', 408. 2. 5
Julius Caesar, C., 94. 2. 4; 124. 9. 9;
131. 4. 10; I, pp. 7 n. 1, 38 ff.,
406 ff.
Julius Caesar Octavianus, C., 417. 2. 8
Julius Caesar, L. (filius), IV, pp. 441 ff.
Junius Brutus, M., I, pp. 29 n. 2, 52 f.

L

Laelius, D., 227. 2. 6; IV, p. 450
Laenius, M., 96. 3. 1; III, p. 319
Laterium, 2. 2. 2
Licinius Crassus, M. ('Triumvir'),
16. 9. 7; II, p. 236
Licinius Crassus Dives, P. (pr. 57),
VII, p. 86
Licinius Lucullus (Ponticus), L.,
18. 3. 14
Livius Drusus Claudianus, M., V,
pp. 407 ff.
Lucilius Hirrus, C., 162 A. 1. 5; III,
pp. 314 f.
'Luscenius', 128. 3. 1

M

Manlius Torquatus, L., 138. 2. 3
Marcius Figulus, C. (cos. 64), 10. 2. 1
Mucius Scaevola (Pontifex), Q.,
191. 3

N

Nares Lucanae, II, pp. 228 ff.
Nonius Sufenas, M., 115. 13. 2

O

Oppii, 195. 12. 1
Oppius, C., 383. 2. 2
Otho, V, p. 410

P

Peducaei, Sex. (pater et filius), I, p. 34 n. 2
Philotimus, 101. 2. 4
Pindenissum, 113, introd. note
Pompeia (Magni filia), VII, p. 87
Pompeianum (Ciceronis), 16. 10. 3
Pompeius Magnus, Cn., 23. 1. 2, 4; 161 D. 5. 8; 173. 2. 3; 177. 3. 18; I, pp. 41 f.; II, pp. 236 ff.; IV, pp. 446, 448 ff.
Pompeius Theophanes, Cn., 82. 4. 4; I, pp. 17 f.
Pomponius Dionysius, M., IV, pp. 457 ff.
Pontidiae filius, 97. 1. 8
Porcius Cato (Uticensis), M., I, pp. 14 f., 21, 39, 48
Precius, 176. 4. 19
Ptolemaeus Auletes, 25. 1. 1
Publicius, M. (?), V, p. 412
Puteolanum (= Cumanum), 16. 10. 3. (= Cluviani horti), 353, introd. note; 367. 1

R

Rabirius Postumus, C., 169. 3. 2
Roscius Fabatus, L., IV, pp. 442 ff.

S

'Sallustius', 348. 4. 3
Satrius, 10. 3. 3–4
Scaptius, M., 116. 9. 1

Scapula, V, pp. 410 ff.
Scribonius Curio, C. (tr. pl. 50), 195. 9. 4, 8; 420. 1. 10; IV, p. 465 n. 1
Seius, M., 113. 8. 7
'Selicia', 416. 4. 6
Sempronii Tuditani (pater et filius), 309, introd. note
Septimus, C., VII, p. 87
Servilia (L. Luculli uxor), 18. 3. 14
Sestius, L., 301. 2. 4
Sestius, P., 174. 3. 14
Sicca, 162 C. 4. 1
Silicius Corona, P., 12. 1. 2
Silius, P., V, pp. 407 ff.
Statius, 17. 2. 10; 117. 8. 1
Suettius, VII, p. 88

T

Terentia, 212. 2. 8; 259. 1. 1; 271. 2. 2
Terentius Culleo, Q., I, pp. 17 f.
Terentius Varro Gibba, M., VII, p. 88
Thurii, II, pp. 229 f.
Tigellius, VII, p. 98
Trebatius Testa, C., 414. 1. 7
Trebonius, C., V, p. 412
Tullia, 200. 2. 6. *Eius fanum*, V, pp. 404 ff.
Tullius, M. (scriba), 18. 1. 5
Tullius Cicero, M. (oratoris filius), 172. 4. 11
Tullius Cicero, Q. (pater), 77. 3. 2; 115. 20. 4; 124. 6. 9
Tullius Cicero, Q. (filius), 416. 3. 11
Tullius Tiro, M., 305. 3. 5
Tyrannio, 306, introd. note

V

Valerius Messalla Niger, M. (cos. 61), 23. 1. 1
Vatinius, P., 29. 1. 22; VII, p. 93
Vettius Cyrus, 84. 2. 2
Vibullius Rufus, L., 162 A. 1. 5
Vulcatius Tullus, L. (cos. 66), 194. 2. 3

III. INDEX VERBORVM

To Commentary and Appendices

A. LATINORVM

A

a, 88. 2. 2
aberrare (a (?) coniectura), 376. 1. 6
abire, 355. 1. 6
abscindere, 27. 1. 3
absens . . . praesens, 74. 7. 6–7
absque, 19. 1. 1
ac, 44. 1. 3; 60. 3. 5; 91. 3. 5; 281. 5.
    2; 353. 1, 6
  ac tamen, 64. 2. 2
accedere, 12. 1. 12; 16. 9. 12
accipere, 17. 8. 5; 18. 4. 5
accredere, 116. 3. 8
accudere, 10. 2. 9
acer, 41. 4. 13
acquiescere, 134. 5. 7
acroasis, 394. 2. 8
acta, 53. 3. 6; 60. 6. 13
acta (= ἀκτή), 362. 1. 1
actio, 174 A. 2. 11
actor, 19. 4. 3; 63. 1. 4
ad, 136. 3. 7; 153. 7. 14; 179. 4. 2;
    199. 10. 9; 208. 1. 2; 224. 1. 7;
    236. 1. 5; 368. 5. 2; 416. 3. 4
  ad naturam, 92. 2. 10
  ad senatum, 97. 2. 10
  ad spem, 127. 2. 7
adde si quid vis, 125. 3. 6
adducere, 268. 2. 9
adeo, 185. 3. 3
adfectus, 1. 5. 3; 331. 2. 1
adfinis, 1. 1. 8
adhibere, 203. 3. 5
adhuc, 133. 6
adigere, 200. 3. 6
aditus, 44. 1. 5
adiuvare (se), 279. 2. 2
adlegatio, 7. 1. 11

adprobator, 415. 2. 4
adsentio(r), 126. 3. 4
adurere, 113. 8. 7
advocare, 256. 2. 8
advocatus, 39. 3. 2
aequus, 9. 2. 2
  aequi boni facere, 130. 4. 3
  aeque (pares), 423. 4. 2
aerarius, 16. 3. 9
aeratus, 16. 3. 9
agere, 2. 2. 9; 13. 2. 13–14; 44. 3. 12;
    97. 3. 8; 162 C. 1. 6; 174. 5. 2;
    200. 3. 6; 236. 2. 3; 363. 1. 5;
    377. 2. 5
  aliud agere, 28. 1. 14
  quod egerit, 121. 4. 6
agrarius, 19. 4. 14
agripeta, 408. 3. 4
ain tu?, 80. 1. 1–2
aliqui, aliquis (deus), 16. 6. 6
aliquis, 60. 8. 2. aliquid (*quasi-adver-*
    bial), 195. 2. 1 (cf. 177. 6. 10)
  aliquid aliud, 55. 1. 5
  aliquid aliquando, 69. 1. 3
aliter . . . et, 232. 1. 3
alius, 114. 12. 25; 235. 1. 6.
  aliud . . . aliud (= partim . . . par-
    tim), 281. 4. 1.
  aliud in alio, 177. 2. 6
alter ego, 60. 4. 20
amare, 8. 2. 6. amare (se), **92. 2. 2**
  amavi, 123. 1. 11
ambitiose, 378. 2. 4
ambulare, 124. 1. 4
amicus, 27. 4. 8
an, 80. 1. 1–2; 415. 3. 2
anagnostes, 12. 4. 2
ancora, 13. 1. 3–4
angustiae, 380. 1. 10

47

animus (hoc animo esse), 80. 1. 8–9
  animus (exspectat), 385. 1. 3
antea (= prius), 416. 3. 3
antiquorum hominum, 183. 5. 2
aperire, 94. 2. 4; 126. 12. 3
apisci, 164. 3. 7
arbitrari, 7. 2. 1
arcano (*adv.*), 413. 1. 10
arcula, 21. 1. 11
ardere, 90. 7. 1
ardor, 250. 1. 5
'aritia', VI, p. 309
assus (sol), 306. 2. 11
ast, 16. 17. 3; 60. 6. 4
at (*apodotic*), 29. 3. 2–3; 362. 1. 5;
  415. 2. 4
atque, 118. 3. 9 (= atque adeo);
  389. 1. 13
attribuere, 329. 4. 1
attributio, 409. 6. 7; 417. 1. 4
atypus, 239. 2. 7
auctor, 126. 10. 9
auctoritas, 104. 3. 5.
  auctoritas) (gratia, 16. 12. 2–3
auctus, 11. 1. 1
audire, 29. 4. 1; 345. 1. 1
  male audire, 18. 5. 5
auferre, 97. 4. 3
auris (in alteram aurem), 332. 1. 8
aut, 21. 3. 18; 420. 7. 6
autem, 116. 1. 7
avere, 389. 4. 6
avolare, 271. 1. 11

B

Baiae (= praedium Baianum), 217.
  6. 3
barbatulus, 14. 5. 3–4
barones (*sc.* Epicurei), 104. 6. 4
beatus, 19. 6. 8
belle ferre, 92. 2. 1
bellum, 344. 1. 2
bene (*sc.* facis), 415. 3. 1
  bene eveniat!, 125. 4. 4

bini(s), 234. 5. 3
bracchium (levi bracchio), 91. 3. 12
bucca, 12. 4. 5

C

c. (= censuere), 91. 3. 19
cadere, 52. 1. 12; 91. 3. 10; 309. 3. 7;
  426. 6. 2
caelum (in caelo esse), 29. 1. 8
caesa (inter caesa et porrecta), 111. 1.
  12
calamitas, 58. 2. 5; 70. 2
caliga, 23. 1. 4
campus, 108. 1. 4
canis, 117. 6. 3
captio, 97. 4. 2; 207. 2. 6
caput (meo capite), 200. 2. 2
castra facere, 162 A. 1. 7
casus, 115. 9. 4; 387. 2. 2
causa, 36. 4. 10–11 (optima); 39. 1.
  10; 44. 4. 8 (caedis); 55. 1. 3;
  126. 5. 13; 153. 4. 4; 214. 5;
  224. 1. 8; 225. 1. 8
  sine causa, 19. 9. 6
cavillator, 13. 2. 12
cedere, 91. 3. 10
celeripes, 174. 1. 3
censere, 9. 1. 3
cernere, 242. 1. 2
certus, 56. 2. 6; 202. 3. 13; 398. 1. 9
  certa, clara, 424. 2. 7
  certen, 150. 2. 3
cerula, 402. 4. 2.
circulus, 38. 2. 4
circumscribere, 132. 2. 17
civi (*abl.*), 126. 4. 7
coartatus, 133. 6
cogere, 114. 3. 9
cogitare, 121. 2. 3
colere, 319. 1. 5
collubus, 306. 1. 2
comes . . . dux, 223. 2. 6
commendare, 106. 2. 3
commentarius, 19. 10. 1

committere (ut), 136. 2. 8

commodum, -de, 30. 2. 1

commotiuncula, 249. 10

commotus (*with indirect question*), 353. 1. 5

commulcium, 14. 5. 8–9

communiter, 60. 7. 10

compellare, 22. 3. 5

comperire, 14. 5. 20–1

concallere, 92. 2. 15

concedere, 377. 2. 5

concursus, 16. 1. 6

condonare, 23. 1. 2

coniectura, *see* aberrare

consanguineus, 43. 3. 5

consiliari, 387. 2. 4

consilium, 136. 1. 16; 190. 2. 4

consistere, 16. 8. 7

constanter, 318. 3. 16

constantia, 31. 1; 75. 3. 18 (vitae)

consularis, 21. 5. 21, 21–2

contendere, 1. 5. 4

contrahere (vela), 16. 2. 6

conturbare, 21. 2. 5

conventus, 19. 9. 8

copia, 162 A. 1. 3

corbita, 414. 1. 11

corona, 175. 1. 4

corrigere, 18. 2. 13

cottidie (= in dies singulos), 100. 1

credere, 22. 2. 4–5 (mihi crede); 103. 1. 3 (crede mihi). VII, p. 88

cuicuimodi, 67. 4. 5

culpa, 158. 1. 5

cum (= si modo), 174 B. 2. 3

cupere, 38. 4. 2; 208. 1. 6

cura (scribendi), 384. 5

curare, 18. 7. 1; 84. 1. 10

currens, 102. 1. 9

cynicus, 29. 1. 12

Cytherius, 399. 8

D

d. (= dedi, data), 52. 3. 13–14

dare (se), 68. 5. 14–15; 331. 3. 10

debere, 74. 2. 6; 309. 2. 2 (alicuius causa)

decedere, 30. 3. 3

decemscalmus, 413. 6. 1

decernere, 73. 6. 7

degustare, 82. 4.4

dein, 113. 1. 13; 404. 1. 9 (VI, p. 322)

delegare, 259. 1. 1; 338. 4. 1; V, pp. 398. f.

deliciae, 17. 9. 1

densae dexterae, 124. 4. 6

denuntiare, 42. 1. 4

deruere, 420. 2. 8

despondere, 16. 8. 8

destinare, 272. 1. 4; 309. 2. 5

deus, 89. 3. 2

di immortales!, 37. 2. 1

devorare (spe), 16. 10. 10

diaeta, 75. 3. 5

dicere, 27. 3. 4

dicis causa, 18. 5. 2

diecula, 114. 13. 10

dies (tuus), 131. 2. 1; 168. 1; 171. 1. 1. (pecuniae), 196. 3. 7. (Sullanus), 199. 7. 15. (*sc.* natalis), 354. 2. 1. (testamenti), 379. 4. 8

dies natalis (reditus), 65. 1. 8

diem dare, 6. 6. 9

dies et noctes, 177. 2. 13

digamma, 176. 4. 14

digitum nusquam, 126. 11. 3

digito caelum attingere, 21. 7. 6–7

diligentia, 152. 1. 2; 420 3. 5

diligere, 371 A. 4. 6

dimittere, 122. 2. 3; 411. 2. 7

Dionis legatio, 388. 8

diploma, 209. 4. 1

dirumpere, 89. 8. 4

discedere, 17. 5. 10–11; 36. 4. 10–11; 41. 6. 8.

discribere, 410. 4. 1

'dispersus', 176. 2. 4

dissensio, 21. 10. 3

dissignatio, 78. 1. 1

dissignator, 75. 2. 14
divinitus, 16. 9. 3
docere, 22. 2. 4–5
doctus, 142. 3. 5
dolor, 74. 2. 5
  dolor accessit, 201. 3. 6
dominus, 39. 3. 2
domus, 331. 3. 2
  domi, 19. 3. 5; 142. 4. 6
  domi esse, 377. 2. 9 (cf. VII, p. 89);
    396. 2. 11
  domo (se tenere), 217. 2. 16
donare, 57. 3. 3
dormire (non omnibus), 347. 2. 7
dubitare, 292. 2. 9
dubius, 19. 7. 5
dudum, 80. 1. 3–4
duo, 308. 1. 11
duumvir, 26. 1. 14

E

'eclogarius', 412. 6. 7
edolare, 339. 1
effari, 354. 3. 2
efficere, 115. 3. 14; 260. 2. 1 (V, p.
  414)
eiectio, 38. 1. 4
elabi, 16. 6. 7
elegantia, 116. 8. 5
emere, 19. 4. 21; 24. 1. 5
emittere, 30. 1. 2
enim, 16. 1. 5; 68. 2. 8; 115. 11. 5;
  130. 6. 3; 260. 1. 17; 326. 3. 2;
  341. 1. 6
eodem, 162 A. 4. 2
Ephesius praetor, 106. 1. 8
epulo, 27. 3. 5
erigere, 35. 2. 8
erumpere, 40. 5. 1
-ere, -erunt, 79. 2. 7
escendere, 74. 3. 6–7
esse (= ἐξεῖναι), 174 A. 2. 2; 318. 3.
  16 (ut erat); 353. 1. 1 (*with
  adverb*); 368. 7. 3 (= consistere)

esse ad, 52. 2. 11; 115. 14. 11
esse ad scribendum, 19. 9. 4
esse in, 42. 5. 3; 114. 7. 6; V, p. 413
et, 141. 2. 8; 147. 1. 12; 165 A. 1. 9;
  416. 1. 3; 426. 1. 9. (= et pro-
  fecto), 39. 1. 2. (= etiam), 49. 6;
  80. 2. 10. (*redundant between
  relative clauses*), 117. 5. 16
et . . . et, 222. 2. 7
et . . . -que, 330. 1. 3
et ut . . . et, 51. 2–3
et tamen, 257. 2. 2
etiam, 13. 6. 1; 77. 3. 4; 87. 2. 6
  etiam atque etiam vale, 113. 9. 13
evolare, 271. 1. 11
exceptio, 97. 3. 2; 115. 15. 1
excipere, 14. 3. 1; 25. 1. 11; 201. 3. 1
exemplar, 80. 1. 3
exercitus, 19. 4. 15
exhibere, 111. 4. 5
exin, 75. 3. 14
existimatio (summa), 10. 4. 13
expedire, 124. 9. 10
expugnatio, 232. 3. 6
exsultare, 360. 2. 7
extemplo, 55. 2. 3
extremum, 225. 3. 7

F

faba mimus, 16. 13. 11
facere, 8. 3. 1; 346. 2. 2
  facere) (scribere 80. 2. 1
  facteon, 16. 13. 12
  facere ut, 139. 3. 4
facile, 19. 6. 7
  facile patior, 285. 1. 1
facilitas, 20. 1. 11
facultates, 212. 2. 4; 224. 4. 6
faenus et impendium, 115. 4. 6
faex, 16. 11. 1–2; 21. 8. 4; 30. 3. 3
familia, 36. 3. 8
fasciae, 23. 1. 4
Favoniaster, 285. 3. 10
ferre, 121. 4. 3; 329. 4. 2, 4; 367. 2. 7

ferre (*cont.*)
 (aperte); 408. 2. 5 (*sc.* condici-
 onem)
ferreus, 83. 2. 17
ferrum, 41. 4. 13
fides (fide sua), 426. 5. 8
 fidem recipere, 42. 2. 5
finis, 80. 2. 11
firmus, 149. 3; 174. 5. 3
fistula, 16. 11. 13
flagitare, 218. 6. 2
flamma, 415. 2. 6
flare, 18. 2. 12
fluctus, 18. 8. 1
 fluctus numerare, 26. 1. 5
fluere, 386. 3. 6
forensis, 42. 3. 3; 73. 3. 2
foris esse, 92. 3. 5
forma, 117. 4. 6
fortis, 389. 1. 8
fortunae (per fortunas!), 104. 1. 4
fraudem facere, 81. 8
frons, 90. 7. 7
 frontem ferire, 10. 1. 12
 fructum putare, 238. 2. 7
frugi, 82. 3. 3; 127. 1. 5
fucus, 10. 1. 3
fuga, 153. 5. 3
fulcire (ut fultum est), 343. 1. 2
fulmina (Demosthenis), 378. 2. 15
fundus, 287. 1. 2
furcilla, 412. 4. 4.

G

gentilis, 334. 1. 1
gladiatores, 16. 11. 12; 21. 1. 1
gradus (de gradu deicere), 426. 3. 19
Graeci (*sc.* ludi), 410. 1. 3
gratia, *see* auctoritas
gratulari, 73. 1. 3
gravis, 13. 1. 9; 105. 2. 7; 113. 1. 16
grex, 115. 10. 2

H

habere, 227. 1. 3; 356. 2. 6. (se bene),

28. 1. 14
habitare, 374. 4. 4
hactenus (sed h-), 106. 1. 13, 5. 7
haerere (in visceribus), 115. 8. 2
haeresis, 368. 1. 7
haud, 139. 2. 5
haurire, 242. 1. 6
hercule, 27. 3. 1
hibernum, 300. 1. 3
 hiberna legio, 93. 2. 7
hic, 39. 1. 1; 44. 2. 12; 246. 5
 haec (= id quod scripsi et eius
  similia), 49. 11 (cf. 75. 1. 1)
hoc (= huc), 162 C. 2. 2
homo, 90. 2. 7; 353. 2. 3
honos, 114. 3. 2
hortus, 281. 2. 14
 horti, 80. 4. 2–4; 130. 6. 7
hospes, 87. 2. 7
hostis) (inimicus, 39. 3. 13–14
humanitas, 297. 2; 407 C. 1. 6
humaniter, 11. 1. 7

I

iacĕre, 27. 4. 1
iacēre, 57. 3. 1; 91. 2. 11
iactare, 85. 1. 5; 227. 3. 5
iam, 10. 1. 13; 17. 11. 6; 40. 3. 6; 69.
 2. 7–8; 75. 5. 8; 365. 2. 8; 395.
 2. 3
 iam diu, 11. 1. 2
 iam nosti, 105. 1. 6
 iam si, 117. 2. 2
 aliquando iam, 9. 1. 7
 si iam, 97. 1. 13
idem, 16. 11. 1; 91. 2. 11
igitur, 177. 4. 3; 248. 2. 7; 326. 2. 4;
 360. 1. 1
ignavus, 16. 9. 6
ille, 16. 9. 2; 29. 1. 14; 176. 2. 25;
 220. 2. 9
 ille, ille, 16. 5. 12; 44. 2. 1
impendium, *see* faenus
impetus, 153. 4. 6

implicare, 19. 8. 10
in, 90. 6. 6; 237. 2. 4 (*distributive*)
inanis, 144. 1. 7
incendium, 113. 8. 6
incidere, 298. 1. 19
incolumis, 62. 3. 3
inculcare, 413. 1. 9
indignitas, 199. 3. 1
infans, 182. 2. 10
infantia, 92. 1. 6
inferiore loco, 44. 3. 16
infestus, 190. 3. 3
infima plebs, 73. 5. 5
ingemiscere, 187. 3. 3
inhibere, 351. 3. 1
inimicus, *see* hostis
iniurium est, 329. 4. 14
inops, 10. 2. 2
inquam, 172. 1. 7
   inquis, inquies, 13. 6. 3; 169. 1. 5
   inquit, 134. 1. 2; 366. 2. 9
insinuare, 44. 2. 3
insulsitas, 300. 1. 2
integer, 150. 2. 1
intellegere (male), 426. 5. 13
intendere, 165. 1. 7
interesse, 64. 1. 7; 229. 2. 5; 232. 3. 15
introitus, 18. 2. 10
invocare, 21. 3. 13
involgare, 21. 3. 13
ioculator, 89. 3. 14
Iovi ipsi iniquus, 165. 2. 3
ipse, 27. 3. 8; 30. 2. 2; 60. 2. 13–14; 66. 1; 76. 4; 98. 2. 2; 115. 8. 6, 26. 1; 124. 7. 5; 248. 1. 6
ire, 58. 2. 5; 374. 4. 12
   ire ad, 41. 5. 4–5
is, 6. 1. 4; 13. 1. 10; 14. 1. 3; 17. 9. 6–7; 21. 5. 24; 75. 1. 1; 89. 9. 11; 119. 3. 6 (eius); 162 A. 4. 7; 267. 3. 4; 270. 1. 3; 334. 1. 2; 338. 2. 3; 355. 2. 5; 393. 4. 10
   id . . . hoc, 74. 5. 11
   eius modi, 16. 8. 11

iste, 32. 1. 8; 35. 2. 2; 217. 7. 3; 227. 1. 2
ita, 14. 3. 4; 16. 2. 5 (id ita fieri); 60. 3. 5 (non ita); 177. 9. 5 (*anticipatory*); 222. 1. 4 (= itaque); 267. 3. 5
itaque (= et ita), 115. 15. 17; 124. 2. 17
iter, 74. 1. 4
iubere (iussi valere), 95. 2. 9
iudicium, 35. 2. 3; 199 B. 2. 5; 378. 2. 9
iurare morbum, 10. 1. 14
   iurato credere, 299. 2. 1
ius (pro meo iure), 48. 1–2

L

labi, 41. 4. 1
labor, 237. 2. 7
lacerta, 26. 1. 5
lectulus (in suo lectulo mori), 199. 7. 5
legatarius, 387. 1. 4
legatio, 7. 1. 11
levis, 18. 6. 2
   levius ac lenius, 327. 3. 3
libellus, 211. 1. 1
liberalitas, 115. 2. 1
liberare, 78. 2. 6
liberum non putare, 18. 3. 14
librariolus, 384. 5
licet, 57. 3. 2
littera, 125. 3. 4
   litterae, 14. 3. 14; 295. 4; 305. 3. 3
locus, 69. 2. 14 (quo loco); 110. 5. 4
loqui, 27. 4. 2; 256. 2. 2
loreola, 113. 4. 2
'Luceriae', 166. 2. 9
lucrativus, 134. 1. 12
ludus, 78. 2. 4; 180. 4. 12
lupus in fabula, 330. 1. 1
lux, 52. 1. 7; 64. 1. 7
   lucem adferre, 21. 2. 9

M

maculosus, 16. 3. 8

maerens, 16. 3. 11

maeror, 267. 2. 7

magis, 57. 3. 5; 234. 4. 6 (= potius)
  maxime (= potissimum), 65. 1. 10

magister, 339. 10

magnitudo animi, 35. 2. 2

magnus, 29. 2. 8; 83. 1. 1–2; 359. 2. 7
  maiora (*sc.* vero), 101. 3. 2

Magnus (*Pompeii cognomen*), 16. 11. 8;
  161 B

malle (potius), 367 A. 3. 8

malus, 101. 2. 8
  malum!, 187. 3. 6 (*see also* quid,
  malum?)
  male, 247. 1

manare, 381. 3. 9

manus, 10. 2. 16
  per manus, 12. 3. 4

Martem spirare, 389. 1. 8

matus, 423. 2. 4

medere, 57. 2. 3

medicina, 21. 7. 3; 52. 2 11

media via, *see* via

medullae, 381. 3. 2

mens, 79. 2. 2

mentionem facere, 62. 1. 4

merus, 122. 1. 1.
  mera monstra, 77. 1. 3

meus (Lentulus consul meus), 165.
  2. 1; 267. 2. 1

minoris esse, 144. 1. 2

miratio, 97. 1. 11

mirus, 1. 5. 3; 63. 2. 3
  mirum quam, 343. 2. 3

missum facere, 162 B. 2. 7; 174 C. 2. 2

mittere, 161. 7. 7

modestus, 21. 9. 2
  modeste, 287. 1. 3

modus, 331. 3. 13 (bono modo); 346.
  3. 3 (isto modo)

molestus, 21. 9. 2

mollis, 17. 2. 7; 54. 1. 8

molli bracchio, 21. 6. 1

monetalis, 202. 5. 4

monumentum, 89. 8. 5

morosus, 13. 2. 12

mortuus, 39. 3. 10

mos, 10. 1. 3 (more maiorum); 1. 1. 4
  (mores)

movere, 120. 1. 6; 167. 1. 4

muginari, 421. 2

multiplex, 116. 2. 12

munus, 102. 1. 2

muratus, 89. 7. 5 (*see* VII, p. 86)

musici (servi), 89. 7. 8

myrothecium, 21. 1. 11

N

nam ('*occupatory*'), 10. 1. 13; 18. 8. 5;
  52. 1. 10; 89. 8. 9 (cf. 69. 2. 7–8)
  nam et, 39. 3. 7

namque, 181 A. 2. 3

narro tibi, 349. 2. 3

nassa, 397. 2. 8

natio, 21. 2. 6

-ne, 104. 1. 1

nec (= ne . . . quidem), 8. 3. 7
  neque (*with double function*), 21. 4. 6

nedum . . . sed etiam, 174. A 1. 1

negare, 150. 2. 3

neglegentia, 2. 1. 1; 21. 1. 8–9;
  161. 6. 1; 196. 3. 2

nerv(ul)i, 381. 1. 10; 407 C. 4. 2

nihil, 19. 4. 21; 128. 3. 4
  nihil esse, 411. 2. 6
  nihilum, 92. 4. 10
  nihili, 21. 5. 24

nimbus, 387. 2. 2

nisi si, 32. 1. 6

nobilis, 113. 4. 4

nobilitas, 75. 5. 12

'noctuabundus', 248. 2. 1

nomen, 60. 8. 5; 83. 1. 9; 114. 12. 27
  (bonum); 154. 3. 4

non, 60. 4. 7–8; 68. 2. 13–14; 366.
  2; 367 A. 3. 2.

non (*cont.*)
  non modo . . . (sed) ne . . . quidem,
    74. 1. 2–3; 103. 4. 5.
  non modo non . . . sed etiam ne
    . . . quidem, 368. 2. 5
noscere (causam), 224. 4. 12
noster, 36. 3. 10; 68. 1. 13; 74. 2. 6
notio, 235. 2. 2
nox (de nocte), 75. 4. 11–12
nugae, 328. 4. 13
nullus, 14. 5. 16–17; 408. 1. 3
numquam, 364. 2. 8

O

o, 34. 2. 10
obducere, 10. 2. 4; 414. 1. 9 (cf. VI,
  p. 422)
obfirmatus, 7. 1. 18
obrogare, 68. 3. 5
obsidere, 368. 5. 5
obsignator, 407 E. 1. 6
obtinere, 36. 2. 13
occallere, 38. 4. 2
occultus, 160. 2. 1; 164. 3. 6
occurrere, 42. 3. 6; 161. 4. 2
ocellus, 414. 2. 2
oculus, 389. 1. 8
odi male, 21. 5. 21–2
odium, 74. 4. 11; 366. 1. 2 (cf. VII,
  p. 89)
offendere, 220. 3. 6; 281. 2. 10
offensa, 169. 2. 1
officium (in officio esse), 6. 2. 7
olere, 21. 1. 9–10
oleum, 37. 1. 10
  oleum et opera, 341. 1. 1
olfacere, 93. 1. 10
omnia (tua), 306. 2. 7
omnino, 29. 1. 18; 35. 4. 2; 55. 1. 6;
  62. 1. 4; 69. 2. 10; 92. 1. 7
opertum, 16. 10. 4
oppidum, 52. 1. 14
opponere, 10. 1. 14
optare, 165 A. 1. 7

optato, 299. 3. 11
ora, 13. 1. 3–4
orare, 223. 2. 3
  orare et (ac) petere, 383. 1. 6
orbis, 29. 1. 17
ornare, 17. 9. 3
os, 408. 2. 7
  os praebere, 18. 5. 5
otiosus, 169. 1. 8
otium, 17. 5. 1; 23. 4. 4

P

pagina, 97. 4. 4
panes, 207. 4. 9
pars, 65. 2. 8; 91. 4. 1–2
pasci, 84. 1. 2
patronus, 16. 10. 6; 21. 5. 18; 172. 2. 4
pectus (toto pectore), 274. 10
perdere (omnia), 16. 5. 21
perducere, 114. 12. 15
perfectus, 328. 4. 10
pergere, 60. 5. 10
perhibere, 10. 4. 6
periculosus, 298. 1. 3
periculum (meo periculo), 77. 2. 3
perscribere, 260. 1. 14
perscriptio, 91. 2. 8; 293. 3. 2
persolvere, 126. 10. 15
pes, 92. 2. 14 (pedibus trahere);
  122. 5. 4 (pedem porta efferre);
  157. 1. 11; 392. 3 (me referunt
  pedes)
  pedes (navis), 414. 1. 4
petere, 21. 5. 4
petitio, 10. 1. 1
petiturire, 14. 7. 5
phalerae, 408. 3. 3
philologia, 37. 1. 10
pigmentum, 21. 1. 12
pinna, 74. 5. 13
Piraea (*acc.*), 123. 1. 1
piscinarii, 19. 6. 9
plane scio, 103. 3. 5
plena manu, 45. 1. 8

pluma aut folio levior, 165. 2. 6
plumbeus (gladius), 16. 2. 15
pluris esse, 126. 5. 12
poena, 366. 1. 2
pontes, 14. 5. 6
popularis, 19. 4. 3; 40. 4. 3. *See also* via
populus, 97. 2. 2 (cf. III, p. 319); 234. 1. 7 (cf. VII, p. 87)
portorium, 36. 4. 5–6
portus, 64. 1. 8; 372. 1. 9 (cf. VII, p. 89)
posse, 60. 4. 13; 124. 9. 7 (*impersonal*)
posticus, 115. 17. 4
postulare, 309. 2. 4
postulatio, 16. 4. 2
praecidere, 172. 3. 7
praediator, 251. 2. 4
praes, 176. 4. 19
praesidium, 38. 3. 5
praestare, 102. 1. 12; 126. 7. 5; 331. 3. 10; 370. 4. 7 (= solvere)
praetor (= στρατηγός), 104. 6. 9
pragmaticus, 40. 1. 5
pratum, 9. 3. 10
prensare, 10. 1. 2
primum (*adv.*), 130. 4. 10
pro amicitia, 63. 1. 2
    pro malis, 251. 3. 14
probare, 57. 2. 7; 114. 4. 10
probe, 34. 2. 12
prodromi, 414. 1. 3
proeliari, 16. 1. 6
proelium, 161 D. 7. 12
'promonere', 81. 10
prope, 74. 6. 5; 75. 4. 13
proponere, 115. 23. 2
propositum (redire ad), 355. 2. 12
prorogatio, 335. 1
proscripturit, 177. 6. 8
prospicere, 70. 2
prudentia, 82. 4. 2
Pseudocato, 14. 6. 11
publica res, 17. 6. 7
    publice (scribere), 420. 7. 5

pudere, 302. 4. 9
pudor, 38. 3. 5
puer, 121. 3. 1
    pueri (rhetorum), 13. 1. 4–5
pulchellus, 16. 10. 3
purus (toga pura), 113. 9. 2; 131. 5. 3
putamen, 93. 1. 9
putare, 91. 1. 1; 92. 1. 4
    putato, 130. 1. 4
puteal, 6. 3. 6
putidus, 14. 1. 1; 29. 1. 9

Q

quaerere, 160. 1. 10
quaeso, 243. 2. 1
quaestor (= pro quaestore), 119. 3. 6
quam (= perquam), 139. 2. 13; 363. 2. 4; 372. 1. 2
quamquam, 21. 2. 1
quantus (= quantulus), 54. 2. 1; 224. 1. 6
    quantum (= quamdiu) fuit, 410. 2. 3
    quantum in solo, 176. 4. 13
    quanti quanti, 262. 3. 6
quasi, 94. 4. 1; 131. 3. 5; 180. 1. 3
qui (*relative*), 21. 5. 24; 44. 4. 7; 55. 2. 6; 136. 1. 2; 165. 2. 3, 3. 5; 381. 1. 3 (= *si quis*). quod (= quam rem), 138. 3. 7 (cf. 144. 1. 3). qui (*abl.*), 222. 2. 4; 331. 3. 6. *See also* quidem
qui (= utinam), 77. 1. 4
qui, quis (*indefinite*), 16. 6. 6; 61. 3; 91. 1. 8, 3. 16; 224. 5. 1
quidam, 25. 1. 11–12; 196. 2. 4
quidem, 47. 2; 111. 4. 8
    cum quidem, 179. 4. 3
    qui quidem, 77. 2. 2; 125. 3. 2
quis (*interrogative*), 12. 4. 1; 16. 10. 3; 26. 2. 15; 30. 2. 7; 39. 5. 6; 60. 2. 14, 3. 3; 86. 2. 4; 145. 2. 4; 153. 6. 13; 359. 3. 1. (= uter), 418. 1. 7; 425. 1. 7

quis (*cont.*)
 (deest quid scribam), 128. 4. 6 (cf.
  129. 1. 2)
 quid enim?, 195. 11. 7
 quid eius sit, 411. 3. 3
 quid, malum?, 113. 1. 3
 quid quaeris?, 14. 6. 11; 16. 4. 4–5
 quid si hoc melius?, 126. 2. 1
quisque (tricesimo quoque die),
  115. 3. 13
quisquis, 142. 4. 12; 418. 1. 4 (quiqui)
quo (ne quo inciderem), 153. 3. 15
quo minus (magis), 151. 3. 1
quo modo (= ut), 165. 3. 2; 174. 3. 5
 quo modo . . . ut, 52. 3. 8
quoad, quod, 1. 7. 3
 quoad potest, 27. 3. 8
quoto anno, 176. 4. 13

R

radix, 121. 4. 7
ratio, 19. 7. 9; 153. 6. 6
 ratione, 285. 3. 1
raudusculum, 79. 1. 2
recedere, 260. 2. 2
recte, 425. 2. 6
 recte sit, 197. 1. 2
recuperare (rem publicam), 153. 2. 16
reddere, 24. 1. 9
redigere, 29. 2. 6
redimere, 16. 11. 6
redire, 14. 7. 1; 234. 2. 1
reducere, 16. 5. 4–5
referre, 140. 3. 2; 366. 1. 10
referre (quid refert?), 330. 1. 4
reformidare, 180. 7. 3
refractariolus, 21. 3. 5
refrigere, 91. 3. 2
regio, 161 D. 4. 8
regnum (iudiciale), 10. 1. 14
relictio, 415. 2. 12
relicto (pro relicto), 151. 1. 9
remittere, 365 B. 3. 1
remorari, 58. 1. 4
repellere, 142. 2. 9

repraesentare, 264. 1. 8; 412. 3. 7
reprimere, 389. 2. 9
repudiare, 39. 5. 3
requirere, 115. 8. 7
res, 83. 4. 3; 84. 1. 3; 180. 7. 5;
  361. 2. 12
 res . . . spes, 67. 4. 6
 hac re, 174 A. 2. 8; 174 B. 2. 15
rescribere, 412. 1. 11
resecare, 18. 2. 11
resipivi, 80. 1. 10
resistere, 44. 2. 9
respondere, 84. 2. 4; 92. 3. 9
restare, 321. 1. 7
restillare, 174. 1. 4
reum facere, 126. 12. 4
rex, 28. 1. 12; 346. 2. 7 (*sc. Caesar*)
 rex Alexandrinus, 36. 2. 7
ruere, 34. 1. 7
ruminatio (rumitatio?), 30. 2. 11
rursus, 29. 1. 18; 134. 4. 1

S

S. (= Sextus), 320. 4. 4
s.v.b. (e.), 161 C. 1
sacra, 18. 3. 11
sacrificium, 12. 3. 4
saepius, 407 B. 1. 2
saginarius, 27. 3. 10
Salaminorum, 114. 10. 2
salvere (ab aliquo), 116. 10. 12
salvus, 310. 3. 2
sane, 75. 5. 4. sane scio, 103. 3. 5
sanguinem mittere, 16. 11. 4
sapere (recte), 359. 1. 9
sat(is) agere, 90. 9. 3–4
satietas, 25. 1. 2
satis dato (debere), 414. 3. 8
satis facere, 91. 4. 4
satisfactio, 83. 3. 6
sauciare, 376. 1. 8
scelus (hominis), 220. 2. 7
scilicet, 22. 2. 4–5
scindere (paenulam), 330. 1. 3

scire, 29. 1. 8 (ut sciat); 38. 3. 8–9
  scis qui, 89. 4. 4
scopae solutae, 137. 2. 2
scribere, 368. 2. 6 (numquam scriptus)
  scripsti, 282. 1. 10
scutum, 138. 2. 5
  scutum abicere, 408. 1. 9
II (= pridie), 122. 1. 3
sed, 91. 4. 8; 106. 3. 8 (= et quidem);
    156. 2. 1; 311. 2. 1
  sed etiam, 60. 5. 8
sedulo (fit), 197. 2. 1
semiliber, 302. 3. 6
semis, 408. 1. 4
sensus, 75. 1. 5; 185. 3. 4
sententia, 153. 6. 6
sentina, 19. 4. 18
sentire, 9. 1. 3; 42. 6. 3
sequi, 74. 4. 3–4
servula, 12. 3. 4
si, 2. 1. 6; 14. 5. 8–9; 367. 4. 2
  (= si quidem), 115. 16. 7; 132. 3. 3.
    (*quasi-temporal*), 30. 3. 3; 42. 5.
    2; 54. 3. 5; 56. 1. 3; 58. 2. 7–8;
    140. 2. 5; 174 A. 2. 8; 251. 3. 6;
    283. 4. 1; 315. 4; 394. 2. 10
  si nihil aliud, 35. 2. 4
sic, 416. 3. 13
  sic . . . si, 278. 2. 6
simul et, 40. 2. 3
sistere, 70. 7; 208. 6. 2
sitientes aures, 34. 1. 3
sittybae, 79. 2. 4 (*see also* σιττύβαι)
sol, 177. 3. 18
somni plenus, 14. 6. 4
somniare, 180. 6. 5
sonitus, 14. 4. 9
speciosus, 415. 6. 1
spes (in spe), 13. 6. 6; 63. 1. 5–6
splendidus, 113. 4. 5
splendor (vitae), 44. 4. 9–10
spurce, 125. 4. 4
stabilis, 151, 2. 9
stare, 18. 2. 9; 37. 2. 8; 111. 2 2;
    117. 4. 4; 192. 1. 6; 257. 1. 4;

    396. 1. 1
statio, 123. 5. 6
status, 73. 3. 1; 75. 6. 5. (rerum),
    222. 2. 6
structio, 80. 3. 5–6
struma, 29. 2. 7
subsidium (senectutis), 6. 4. 3
succones, 136. 5. 1
suggerere (ludum), v, p. 409
sullaturit, 177. 6. 8
sumere, 94. 3. 8
summa, 136. 1. 3
'summarius', 190. 3. 5
summus, 417. 1. 4 (omnia summa)
  summae occupationes, 14. 1. 3
superare, 9. 3. 9
suscipere, 39. 3. 15; 69. 2. 6–7;
    220. 3. 9
susque deque, 360. 1. 3
suus, 7. 1. 8; 301. 2. 3

T

tabula, 93. 2. 4
  per tabulas, 91. 2. 9
tacere, 91. 3. 13
  tacitum ferre, 23. 2. 7–8
tam (= tanto opere), 116. 3. 5; 333.
    3. 15
tamen, 16. 2. 16, 3. 2; 25. 1. 12;
    37. 3. 2; 44. 2. 10; 69. 2. 12–13;
    89. 5. 4; 97. 2. 3; 110. 2. 1;
    121. 3. 9; 126. 10. 4; 142. 3. 7;
    145. 3. 6; 167. 1. 7, 4. 5; 177. 10.
    9; 183. 5. 7; 201. 5. 1; 218. 3. 2;
    250. 1. 6; 317. 1. 5; 333. 2. 1;
    359. 2. 4. *See also* ac, et
tantulus, 17. 4. 3
tantum modo . . . ne, 177. 4. 8
tantus, 18. 8. 1–2; 29. 3. 2–3; 89. 9.
    7–8
  tanti, 110. 3. 2
'temperantius', 169. 2. 14
tempestivae cenae, 167. 3. 7
tener, 116. 8. 10

tenere, I. 5. 2; 38. I. 7, 3. 8
tenuis, 306. 2. 6
terrae filius, 13. 4. 7–8
terror (armorum), 131. 5. 3
testis, 407 E. I. 6
theatrum, 328. 2. 3
Thurium (= Thurii), 50. 8
tibicen, 115. 23. 3 (cum suo tibicine)
timere (*with indirect question*), 40. 5. 1;
    53. 2. 1
tocullio, 21. 12. 8
tollere, 21. 5. 20 (pedem); 97. 2. 8;
    360. I. 4
totiens, 89. 9. 5
totus, 103. I. 3; 292. I. 3; 328. 4. 7
tradere, 106. 2. 3
trahere, 209. 3. 3; 412. 4. 3
transire, 39. 3. 16
traversum (de traverso), 382. 4
triduum, 100. 6; 109. 2. 3
tueri, 18. 6. 5; 124. 7. 2; 347. I. 9
tum, 113. 10. 6; 134. 3. 3; 368. 5. 2
tumere, 358. I. 2
tumultus Gallicus, 355. I. 5
tumulus, 367. I. 3
turbare, 37. I. I
tuus, 33. I. 5
tyrannis (-ida), 368. 2. 3
tyrannoctonus, 360. 2. 5
tyrotarichum, 79. I. 2

U

ubi sunt qui . . . ?, 30. 2. 10
umbras timere, 397. 4. 13
umeri, 116. 5. 4
una, 18. I. 2
uncia (usurae unciae), 93. 2. 2
unctus (sol), 306. 2. 11
unus, 19. 8. 3
ut, 160. 2. 3; 162 A. I. 6; 162 C. I. 16;
    174. 7. 1; 174 A. I. I. (*repeated*),
    50. 5. 6. (= quo modo), 59. 2. 2–3
ut aliud nihil, 136. I. 2
non ut, 226. 3. I

uti rogas, 14. 5. 7
uterque, 368. 4. 2
uti, 39. 2. 11; 130. 4. 9
utpote, 44. 4. 3
utro, utrāque, etc., 399. 9
utrum . . . an, 14. 3. 11
utrumvis, 372. I. 12

V

vadere, 365. 2. 11
vadimonium, 27. 2. 6
valde probe, 329. 4. 1
valens, 126. 5. 11
vallus, 420. I. 7
vanitas, 342. I. 1
vastitas Italiae, 177. 3. 11
vectigal, 115. 3. 17; 257. I. 6
vel, 38. 4. 2; 218. 5. 2
vendere, 125. I. 3; 320. 2. 1
venditare, 166. I. 11
venire, 58. 2. 5; 176. 2. 17
ventus, 21. 6. 13
vereri an, 39. I. 8
verus, 80. I. 5–6
    verum consilium, 201. 2. 1
    verum si quaeris, 238. 2. 4
    verum tamen, 297. 4
vestigium, 103. I. 4
vestis, 231. 3. 9
Vestorianus, 368. 2. 6
via, 20. 3. 6; 39. 2. 11 (media); 172.
    7. 3 (popularis)
viatica (*sc.* cena), 80. 4. 2
vicem, 199. 7. 5
victus . . . vita, 267. 2. 4
vicus, 9. 3. 10
videre, 385. 2. 5
    vide ne, 310. I. 1
    videri, 161 D. 7. 13; 224. 4. 3; 300.
    2. 3
vincire, 142. 2. 4
virid(ar)ia, 23. 2. 3
vis, 161. I. 7
vita, 195. 6. 13

vivere, 50. 2; (cum aliquo), 198. 3. 1

vivum et salvum velle, 26. 2. 5

vocare, 423. 1. 10. (in locum mortui),

39. 4. 7–8

volare, 39. 19. 12

vultus, 94. 3. 14; 103. 3. 6

B. GRAECORVM

A

ἀγών, 16. 8. 14

ἀδιαφορία, 37. 2. 1

αἰδέομαι Τρῶας, 332. 1. 7

αἰνιγμός (ἐν αἰνιγμοῖς), 39. 5. 11

ἀκαταληψία, 326. 3. 6

ἀκηδια, 290. 1

ἀκκίζεσθαι, 39. 5. 7

ἀκοινονοήτως, 115. 7. 9

ἄκρα Γυρέων, 105. 1. 8

ἄλη, 191. 5

ἅλις, 380. 2. 3

   ἅλις δρυός, 39. 1. 13

ἀλιτενής, 367. 1. 4

ἀλληγορία, 40. 3. 3

ἀλογεῖν, 239. 2. 8

ἀναθεώρησις, 189. 1. 4

ἀνάθημα, 10. 5. 2

ἀναπάντητος, 167. 3. 3

† ανεζια, 104. 5. 10 (but see VII, p. 86)

ἀνεμοφόρητος, 346. 4. 1

ἀνηθοποίητος, 201. 6. 2

ἄνω ποταμῶν, 381. 1. 6

ἀπάντησις, 21. 5. 12; 166. 2. 4

ἀπόγραφος (-φον?), 294. 3. 2

ἀποθέωσις, 80. 2. 5

ἀριστεία, 370. 2. 1; VI, p. 309

ἀριστοκρατικός, 14. 2. 2; 35. 4. 5

Ἀρκαδία, 196. 2. 4

ἀρχέτυπον, 241. 5 (-πος); 413. 1. 10

ἀσιτεῖν, 359. 1. 1

Ἀττικισμός, 93. 1. 7

Ἀττικώτερος, 13. 5. 6

ἄτυφος, 123. 2. 7

αὐτίκα γάρ, 123. 2. 2 (cf. III, p. 319)

αὐτόχθων, 125. 3. 13

ἀφαίρεσις, 115. 2. 7

ἀφίδρυμα, 300. 1. 6

B

βαθύτης, 115. 2. 1

βδελύττεσθαι, 408. 2. 7

βεβίωται, 238, 2. 5

βούλυσις, 406. 3. 7

βοῶπις, 29. 1. 5 (cf. 43. 3. 5)

Γ

γενικῶς, 14. 2. 7

γράμματα, 126. 10. 15

γραμμή (ἡ ἔσω), 82. 4. 1-2

Δ

δέρρις, 93. 1. 4

δευτερεύειν, 16. 12. 5

διάλειψις, 168. 3

διατροπή, 180. 7. 3

δίβαφος, 29. 2. 8

Διονύσιος ἐν Κορίνθῳ, 176. 1. 13

διπλῆ, 152. 4. 3

διφθέραι, 332. 1. 5

δυσεκκλάητος, 103. 3. 10

δυσωπία, 309. 2. 3

E

ἐγγήραμα, V, pp. 405 f.

ἐγκέλευσμα, 115. 8. 1

εἷς ἐμοὶ μυρίοι, 420. 1. 12

ἐκτένεια, 209. 1. 2

ἐμετική, 353. 1. 11

ἐμφιλοσοφεῖν, 92. 2. 14

ἐνδόμυχον, 97. 1. 7

ἐνθύμημα, 14. 4. 4

ἐξακανθίζειν, 121. 1. 8

ἐξωτερικοί (libri), 89. 2. 10

ἐπαγγέλλεσθαι, 29. 3. 3
ἐπέχειν, 121. 3. 4
ἐπικεφάλιον, 109. 2. 4
ἐπισημασία, 16. 11. 12
ἔρδοι τις, 103. 3. 3
εὐαγγέλια, 30. 1. 5
'εὐαγώγως', 331. 3. 3
εὐθανασία, 415. 3. 1
εὔλογος, -γία, V, p. 406
Εὐμολπιδῶν πάτρια, 5. 2. 6
εὐρίπιστος, 359. 2. 6
'εὐτενέστερος', 327. 4. 4
ἐφιστάναι (τὸν νοῦν), 341. 1. 6

Z

ζῶσα φωνή, 30. 1. 10

H

Ἡρακλείδειον, 381. 3. 6

Θ

θεῖος, 22. 1. 1
θέσις, 173. 1. 7

I

Ἰλιάς, 161. 3. 6
ἱστορία, 318. 1. 4
ἱστορικώτατος, 116. 3. 7

K

κ.τ.λ., 23. 2. 5
καθῆκον, 420. 4. 13
καὶ συναποθανεῖν, 145. 2. 1
Καλλιππίδης, 320. 3. 6
καλόν, τό, 39. 1. 15
καμπή, 14. 4. 4
κἄν, 27. 4. 9
καταβίωσις, 296. 2. 6
κατακλείς, 23. 4. 4
κατασκευή, 14. 4. 5

καχέκτης, 14. 6. 5
κεκέπφωμαι, 343. 2. 4
κέκρικα, 302. 3. 1
κενὰ τοῦ πολέμου, τά, 113. 3. 11
κενόσπουδος, 167. 1. 7
κέρας, 113. 9. 11
κεφάλαια, τά, 420. 4. 10
κηδεμονικός, 37. 3. 5
κοιλιολυσία, 205. 1. 9
Κωρυκαῖοι, 210. 1. 8

Λ

Λ (= λοιπόν ?), 394. 1. 13
λαλαγεῦσα, 187. 3. 6
λήκυθοι, 14. 3. 9
λῆρος πολύς, 376. 4. 3; 409. 4. 3
λῆψις/διάλειψις, 130. 3. 5
λόγοισιν Ἑρμόδωρος, 327. 1. 3

M

μακροψυχία, 178. 4. 7
μετέωρος, 104. 6. 2
μὴ γὰρ αὐτοῖς, 328. 4. 8
μηδὲν αὐτοῖς, 115. 16. 10
μὴ σκόρδου, 354. 3. 2
μνημονικὸν ἁμάρτημα, 336. 3. 4
Μῶμος, 113. 6. 3

N

νέκυια, 177. 7. 4; 187. 2. 2
νεμεσᾶν, τό, 112. 3. 6

O

ὁ γναφεὺς ἄνθρακας, 383. 1. 7
οἷαπερ ἡ δέσποινα, 104. 5. 5
οἰκοδεσποτικός, V, p. 411
οἰκονομία, 115. 1. 3
οἶκος φίλος, οἶκος ἄριστος, 79. 1. 7; 392. 2
Ὁμηρικῶς, 16. 1. 4
ὀξύπεινος, 30. 2. 15
ὁ πλόος ὡραῖος, 174. 5. 2

INDEX VERBORVM

ὁρμή, 134. 5. 5
οὐ παρὰ τοῦτο, 408. 2. 10
ὄψις, 23. 2. 4

Π

παῖδες, 13. 1. 4-5
  παῖδες παίδων, 420. 1. 7
παλιγγενεσία, 121. 4. 14
πάντα φιλειδήμων, 306. 2. 5
παραδιδόναι, 119. 2. 2
παραινετικῶς, 201. 1. 7
παράλυσις, 415. 8. 2
παράπηγμα ἐνιαύσιον, 107. 1. 6
παραποπλεῖν, 203. 2. 1
παριστορεῖν, 115. 25. 18
Πεντέλοιπος, 376. 4, 3
πεπλογραφία, 420. 3. 1
περίστασις, 420. 4. 1, 11
πεττεία, 82. 4. 1-2
πίνος, 361. 2. 2
πλουδοκεῖν, 199. 9. 3
πολίτευμα, 174. 3. 6
πολιτικός, 30. 4. 6; 360. 2. 11
  πολιτικῶς, 82. 4. 1
πρᾶξις, 372. 5. 5
πρόβλημα Ἀρχιμήδειον, 238. 2. 5;
  299. 3. 8
πρόπλασμα, 283. 4. 1
πρόσνευσις, 97. 2. 8
πρῷρα πρύμνα, 92. 1. 5
πυροὺς εἰς δῆμον, 121. 2. 1

Ρ

†ριξοθεμις, 364. 3. 3
ῥωπογραφία, 392. 4

Σ

σημεῖα, 305. 3. 5
σιττύβαι, 78. 1. 7 (see also sittybae)
σκοπός, 38. 1. 6
σκυλμός, 87. 1. 9

σοφιστεύειν, 176. 1. 11
Σπάρτα, 20. 3. 4; 83. 2. 9; VII, p. 85
'στρατηγημάτιον', 95. 2. 3 (III, p. 319)
στρατύλλαξ (Stratyllax), 426. 3. 19
συμβίωσις, 331. 1. 5
συνέχον, τό, 174. 1. 5
σύνταγμα, 285. 4. 1 (see also VII, p.
  88); 413. 1. 8
σύνταξις, 285. 4. 1; 402. 4. 1
σχόλιον, 415. 3. 5
Σωκρατικῶς, 23. 3. 2
σῶμα, 21. 3. 15

Τ

τὰ μὲν διδόμενα, 119. 2. 13
ταὐτόματον ἡμῶν, 12. 1. 7
τέθριππα, 114. 7. 12
τεκμηριώδης, 127. 2. 13
τέλος, 306. 2. 9
τί ἐκ τούτου; , 377. 4. 6
τίς πατέρ' αἰνήσει; , 19. 10. 9
τοποθεσία, 13. 5. 2; 16. 18. 2
τρύξ, 30. 3. 2-3
τῦφος, 264. 2. 3

Υ

ὑπηνέμιος, 364. 1. 13
ὑπηρεσία, 180. 5. 1
ὑποθήκη, 37. 3. 6
ὑπόμνημα, 400. 5
ὑπομνηματισμός, 104. 6. 8
ὑπώπιον, 20. 5. 5

Φ

φακῆ (τὸ ἐπὶ τῇ φακῇ μύρον), 19. 2. 9
Φαλαρισμός, 135. 2. 8
φιλένδοξος, 326. 3. 1
φιλορήτωρ, 13. 5. 8
φιλοσοφεῖν, 16. 13. 11; 25. 2. 8
φιλοστόργως, 394. 1. 3
φιλοτέχνημα, 343. 1. 3
φυρατής, 123. 2. 2

INDEX VERBORVM

χ   ω

IV. INDEX RERVM

To Commentary and Appendices

ablative, 12. 1. 3 (*minore*); 28. 1. 6;
113. 1. 10; 116. 2. 12; 139. 3. 6;
164. 1. 11; 177. 8. 9; 217. 6. 5
(*numero haberi*); 227. 1. 9 (with *in*
before names of towns); 370. 1.
4 (duration of time); 397. 3. 1.
(of attendant circs.), 39. 3. 6;
111. 1. 5. (with *esse*), 29. 1. 14;
107. 2. 3. (with *teneri*), 113. 3. 12;
226. 1. 3; 285. 3. 6 (cf. 217. 2. 16)
Academiae πρόπυλον, 121. 2. 3
Academy (Cicero's), 2. 26
Accius, *see Brutus, Tereus*
accusative, 14. 3. 10 (with *proximus*);
14. 5. 8 (with *advolare*); 138. 3. 10
(with *hortari*); 182. 1. 8 (with
prohibere); 220. 3. 8 (with *in*); 251.
3. 9 (with *niti*); 279. 2. 6 (with
liceri); 317. 2. 8 (with *coniecturam
facere*); 393. 4. 9 (with *permutari*);
411. 4. 1 (*iter Brundisium*);
415. 8. 5 (with *accedere*). Double:
27. 1. 2 (with *postulare*); 144. 2. 1
(with *consulere*)
actors (manumission of), 90. 6. 4
actuari(ol)ae, 102. 1. 6; 202. 4. 7
adjectives, 53. 2. 3 (neut. plur.); 161
D. 6. 7 (double)
adrogatio, 18. 4. 4
Aediles, 90. 9. 2 (Plebeian); 393. 1. 3
(in Arpinum)
aerarium sanctius, 145. 2. 3
Aeschylus (*Ag.* 375), 389. 1. 8
aestimatio, 260. 4. 1; 309. 2. 8
ager Campanus, 19. 4. 5–6; 36. 1. 2
Alabarch, 37. 3. 5
Alaudae, 418. 2. 3
altercatio, 16. 8. 11
ambiguity, 92. 1. 5

amphibolia, 13. 5. 6 (cf. 16. 4. 11);
16. 10. 8; 19. 2. 9; 21. 5. 4, 20;
22. 1. 1; 23. 2. 1; 29. 1. 8; 90. 2.
7, 6. 6; 92. 3. 9, 4. 3; 93. 1. 7;
115. 25. 16; 116. 3. 4; 126. 5. 12,
13; 126. 10. 15; 132. 4. 7; 202. 5.
4; 209. 1. 7; 359. 1. 4; 368. 2. 14;
372. 5. 5; 399. 8; 420. 1. 10
anacoluthon, 180. 4. 8
Antisthenes, *Cyrus*, 279. 1. 14
Antium (Cicero's house in), 176. 4. 17
aphracta, 104. 4. 3 (cf. 122. 4. 5)
Apollodorus, Χρονικά, 262. 2. 9
aposiopesis, 77. 2. 2–3; 90. 6. 5; 97. 1.
8, 2. 10; 147. 2. 8; 189. 2. 14;
343. 2. 4
apposition (with numerals), 36. 1. 10
Arabarch, 37. 3. 5
archaic forms, 13. 1. 11–12; 21. 5. 18;
302. 4. 8; 344. 1. 8
Archilochus, 117. 1. 7
Ariopagitae, 16. 5. 5
Aristotle, 89. 2. 10 (ἐξωτερικοὶ λόγοι);
281. 2. 2 (*Epistula ad Alexandrum*)
-*arius*, 21. 3. 5
article (Greek), 23. 2. 4; 115. 11. 5
Asconius, 1. pp. 63 ff.
Asiae vectigal, 180. 4. 9
assonance, 377. 2. 5; 420. 1. 12
asyndeton, 118. 1. 4. (*bimembre*),
15. 1. 6; 16. 8. 4–5; 43. 3. 10;
67. 3. 3; 72. 1; 213. 2. 5; 326. 2.
2. Cf. 14. 4. 2 (*aperte tecte*)
atriolum, 6.3.6
atrium Libertatis, 89. 8. 6
Atticus, *commentarius de Consulatu
Ciceronis*, 21. 1. 3. *epigrammata*,
16. 15. 1. *liber annalis*, 262. 2. 4;
410. 5. 2

attraction (of case), 106. 3. 5; 124. 9.
4; 190. 3. 7; 346. 4. 1. (of mood),
59. 2. 2–3; 97. 2. 13; 154. 3. 11.
(of tense), 14. 5. 22. Cf. 13. 2. 2;
16. 3. 2
auctoritas (senatus), 14. 5. 18; 16. 1. 5;
71. 3; 95. 3. 8
auguria, 36. 2. 8
Augurs, 25. 2. 6; 30. 1. 3; 176. 3. 21
(in 49 B.C.)
aurum, 301. 1. 1; 306

B

bacilli, 217. 2. 14
barbari (in Caesar's army), 136. 3. 3
Basilica Pauli, 89. 8. 1
beards, 14. 5. 3–4
Bellum Alexandrinum (39. 1), 19. 9. 6
Bona Dea, affair of, 12. 3. 3; 14. 2. 8,
5. 16; 16. 2. 7, 3. 1, 5, 19–21
boni, 12. 1. 10; 21. 6. 8 (*melior*);
39. 4. 4 (*sat(is) boni*); 42. 1. 8;
73. 6. 5; 128. 4. 1
Bosius (reports of Z) I, pp. 93
ff.; VI, p. 316; 37. 3. 5; 43. 3. 10;
115. 25. 1; 381. 1. 1 (VI, p. 322)
brachylogy, 226. 3. 1; 227. 2. 3;
232. 3. 5; 290. 2. 3; 368. 2. 16;
393. 2. 9; 409. 5. 6
Brundisium (republican forces in),
172. 3. 4
Brutus, *Cato*, 260. 1. 2, 4. *epitome
Fanniana*, V, pp. 400 ff. *oratio
pro Rege Deiotaro*, 355. 2. 5
Brutus (Accii), 410. 1. 2

C

cā = causa, 397. 2. 7; 420. 1. 5
'Caelian' project, IV, pp. 461 ff.
Caelius (Coelius) Antipater, *Annales*,
313. 5; V, pp. 402 f.
Caesar: (*B.C.* I. 8), IV, pp. 441 ff.
(*ibid.* I. 14. 4 f.,) 138. 2. 3. (*ibid.* I.

24. 3), 161 B. 1. 13. (*ibid.* 1.
26. 2 f.), 181. 2. (*B.G.* V. 26. 2),
28.1.10. *Anticato*, 281. 1. 1
Campania, Cicero's command in,
IV, pp. 438 ff.
captives, sale of, 113. 4. 8
carcer, 16. 9. 9–10
carelessness of style, 152. 4. 7; 161 D.
1.1; 219. 1. 7; 223. 3. 5; 238. 2. 5;
246. 4; 265. 1. 1; 282. 1. 8; 298.
1. 5, 9; 341. 1. 9; 348. 2. 2; 402.
3. 6; 408. 1. 2; 410. 3. 3. Cf. 299.
3. 3
Casca, his book, 336. 3. 2
cases (with *dico?*), 426. 5. 6
celeritas Caesaris, 146. 1. 3
cena aditialis, 250. 2. 1
Censors (61 B.C.), 17. 9. 3; (55–54
B.C.), 85. 1. 1
census, 18. 8. 5, 7
change of construction, 389. 2. 7;
408. 2. 3; 418. 2. 18
χρεῶν ἀποκοπάς, φυγάδων καθόδους,
134. 1. 9
Cicero: (*Balb.* 56), 161. 1. 8. (*Cael.*
27), 80. 3. 2–4. (*Div.* II. 49),
97. 1. 11. (*Fam.* I. 9. 2), 10. 3. 10.
(*Leg.* I. 52), 164. 3. 7. (*Phil.* XIII.
50), 16. 11. 8. (*Pis.* 45), 37. 2. 1.
(*Verr.* II. 2. 100), 164. 1. 4
Poemata: *de Consulato suo*, 19. 10
8; 23. 4. 5. *Marius*, 35. 3. 4;
292. 2. 4. *Prognostica*, 21. 11. 4
Orationes: *pro Balbo*, 80. 2. 6.
Catilinariae, 21. 3. 1, 13; *in
Clodium et Curionem*, 27. 1. 2;
57. 2. 2; 65. 2. 1. *pro Ligario*,
320. 2. 1; 328. 4. *Metellina*,
13. 5. 3, 7. *pro Murena*, 21. 3. 1;
27. 1. 2. *de Othone*, 21. 3. 9. *Phil-
ippica II*, 420. 1. 2 ff., 3. 6. *pro. C.
Pisone*, 21. 3. 1; 27. 1. 2. *de
Proscriptorum Filiis*, 21. 3. 10.
cum Provinciam deposuit, 21. 3.
10–11. *de Provinciis Consularibus*

Cicero: Orationes (*cont.*)
(παλινῳδία), 78; 80. 2. 1; II, p.
233. *pro Rabirio* (*perduellionis reo*),
21. 3. 1. *contra Rullum*, 21. 3. 8–9,
14.

Philosophica, etc.: *Academica*, 259.
2. 1; 278. 1. 4; 285. 4. 1; 320. 3.
11; 321. 1. 2, 4; 322. 1. 3; 323. 1.
7; 333. 3. 14; 336. 2. 1; 351. 3. 1.
de Amicitia, 402. 4. 1. ἀνέκδοτα
(*de Consiliis suis*), 26. 2. 7; 28. 1.
7; 371. 6. 1; 420. 3. 7. *Brutus*,
306. 2. 11; 374. 3. 12. *Cato*
(*Laus Catonis*), 238. 2. 5; 240; 299.
3. 8. *Consolatio*, 251. 3. 5; 258.
2. 5; 262. 3. 2. *de Consulatu suo
commentarius Graecus*, 19. 10. 1;
21. 1. 12. *de Consulatu suo com-
mentarius Latinus*, 19. 10. 7.
Epistula ad Caesarem (Συμβου-
λευτικόν), 278. 1. 4; 279. 2. 14;
281. 2. 1; 288; 292. 2. 3; 297. 1;
314. 6. *Epistulae ad Atticum* (trans-
mission and publication), I, pp.
59 ff. *de Finibus*, 259. 2. 1;
278. 1. 4; 305. 3. 1; 312. 1. 3;
326. 4. 10. *Geographia*, 24. 1. 1;
40. 6. 3. *de Gloria*, 410. 5. 1;
413. 1. 8. Ἡρακλείδειον, 371. 6. 2;
381. 3. 6; 416. 3. 1. *Hortensiana*,
83. 3. 1. *Laudatio Porciae*, 278. 1.
4; 345. 2. 1. *de Natura Deorum*,
278. 1, 4; 341. 1. 1; 342. 2. 8. *de
Officiis*, 420. 4. 1 ff. *Orator*, 243;
374. 3. 12. *de Oratore*, 83. 3. 1;
87. 25. πολιτικὸς σύλλογος, 278. 1.
4; 302. 2. 1; 303. 2. 6; 305. 2. 1;
316. *de Republica*, 88. 1. 6; 89. 2.
6; 115. 8. 7, 15; 115. 17. 1; 116. 3.
2, 16; 121. 2. 2; 126. 2. 9; 195. 4.
5. *de Senectute*, 413. 1. 5. *Topica*,
420. 3. 7. *Tusculanae Disputa-
tiones*, 278. 1. 4; 379. 4. 1
circus Flaminius, 14. 1. 8
cistophorus, 26. 2. 13

clavus anni, 107. 1. 6
clivus Capitolinus, 21. 7. 5
codicilli, 244. 1. 1; 313. 2 (*triplices*)
cohors praetoria, 125. 3. 14
columnarium, 310. 1. 1
comitia 10. 1. 10; 14. 5. 7, 12; 18. 4. 4;
21. 9. 1; 35. 2. 2
Compitalia, 23. 4. 13
conceits, 14. 4. 9; 16. 4. 8. ('pathetic
fallacy'), 16. 6. 10; 33. 2. 2
concord, 90. 7. 11–12. Cf. 75. 1. 1
consecutio temporum, 46. 4; 360. 2.
10 (VI, p. 322); 376. 1. 12
consilium, 36. 4. 6 (*praetoris*); 74. 5. 4
(*consulis*)
construction κατὰ σύνεσιν, 157. 2. 1;
206. 1. 9; 310. 2. 3
Consulate, 16. 3. 9–10
contiones, 14. 1. 7, 9; 21. 8. 14; 22. 3. 5.
(*scriptae*), 40. 4. 2; 379. 2. 2
contubernalis, 309. 3. 8
copyists, Cicero's, 305. 3. 1; 327. 1. 13
corn, price of, 73. 6. 1, 3
Corradus, I, p. 100; VI, pp. 319 ff.
corruptions (by assimilation), 73. 4.
12; 78. 2. 3, 4; 80. 2. 9; 89. 3. 5;
91. 4. 8; 124. 1. 11; 126. 8. 3;
209. 1. 5. (by dittography),
14. 3. 1; 27. 2. 5; 30. 4. 5; 68. 4.
10; 126. 12. 2; 134. 2. 5; 239. 2.
3; 345. 2. 5; 390. 2. 10; 393. 2. 2;
395. 2.2; 396. 2. 4; 399. 9;
419. 8; 426. 3. 3 (cf. 199 A. 1. 4;
201. 1. 2). (by haplography),
86. 2. 8–9; 389. 2. 12; 400. 5;
420. 1. 5, *et al.* (by interpolation),
19. 8. 9; 43. 3. 8; 83. 3. 3; 126. 5.
19. (by omission of final syll-
ables), 75. 4. 13 (cf. 338. 2. 1).
(by confusion of letters, etc.),
19. 4. 3 (*actor/auctor*); 20. 2. 13
(*aestimare/exist-*); 21. 2. 5 (*de/per/
prae*); 36. 4. 10–11 (-*m/-nt*); 44.
1. 5 (*aditus/auditus*); 44. 2. 10
(*tamen/tum*); 74. 3. 6–7 (*escendere/*

corruptions (*cont.*)
  asc-); 74. 3. 10 (*infimus/infirmus*);
    83. 4. 3 (*quam/numquam*); 88. 1. 2
    (*-eras/-erat*); 89. 6. 8 (*gratia/
    Gallia*); 90. 4. 7 (*lacrimans/crimi-
    nans*); II, pp. 231 f. (*Kal./Id.*);
    106. 3. 5 (*quam/cum*); 122. 2. 1
    (*merus/mirus*); 124. 8. 4 (*tantum/
    tamen*); 125. 6. 2 (*-e/-a*); 142. 3. 7
    (*si/nisi*); 164. 1. 14 (*proximus/
    primus*); 166. 2. 9 (*n/ri*); 176. 1. 4
    (*temptaboque/plaboque*); 177. 3. 15
    (*oblectabat/obtent-*); 179. 4. 2 (*-m/
    -s*); 238. 1. 1 (*tantum/ tamen*);
    292. 2. 1 (*puero/puto*); 350. 1
    (*H.*); 396. 1. 1 (*video/audeo*); 397.
    1. 2 (*modo/mihi*); 400. 4 (*quae/
    tuae*). (glosses in text), 115. 7. 5;
    124. 2. 13; 136. 5. 1; 199. 4. 9;
    202. 3. 2; 408. 1. 2; 409. 5. 2, 4;
    413. 6. 3; 415. 1. 9. (numerals),
    13. 6. 2; 27. 5. 3; 40. 6. 1; 80. 1.
    3; 85. 1. 10 (cf. 3. 2). (personal
    pronouns), 20. 1. 4; 344. 1. 6;
    402. 2. 13. (proper names), 412.
    1. 4; 416. 4. 6
Cotta (L. Aurunculeius), his book,
    336. 3. 1
Cratander (C and c), I, pp. 85 ff.
Crater, 28. 2.3
cretio, 212. 1. 2; 223. 4. 9, 10; 338. 3. 2, 4
culcitae, 348. 5. 2
curator (*viae*), 10. 2. 8
cursus honorum, 10. 2. 3; 21. 5. 4;
    22. 3. 5
Cyprus (privileges of), 114. 6. 5

D

dative, 79. 1. 6–7; 153. 7. 6; 162 A.
    4. 2; 329. 4. 9; 395. 1. 6. ('ethic'),
    2. 2. 4; 14. 5. 7–8; 74. 4. 22;
    167. 3. 6. (*iudicantis*), 44. 4. 9.
    (with *conferre*), 326. 5. 1. (with
    includere), 13. 5. 3. (with *malle*),

36. 4. 13; (with *testis*), 94. 1. 1
day (Roman), 75, 4. 4, 5. 1 (see VII, p.
    95); 91. 4. 3–4
decem homines, 396. 1. 3
designati (referred to by title of
    office), 11. 1. 1; 30. 1. 3
Dicaearchus, Γῆς περίοδος, 116, 3. 4.
    εἰς Τροφωνίου Κατάβασις, *ibid.*
    περὶ Ψυχῆς, etc., 305. 2. 1, 3;
    309. 2. 10
diminutives, 14. 5. 3–4; 16. 10. 3;
    17. 4. 3; 18. 6. 5; 21. 3. 1, 5; 21.
    12. 8; 43, 1. 4
dioecesis, 108. 3. 12
discessus, 281. 3. 1
dissignator, 75. 2. 14
divisor, 16. 12. 6
Domitius Marsus, I, pp. 61 f.
duoviri, etc., 26. 1. 14

E

edictum (*Ciceronis provinciale*), 115.
    15, 8, 9. *edicta Bibuli*, 39. 5. 12
ellipse (of *is* before *qui*), 91. 1. 5; 124.
    1. 10; 151. 1. 4; 238. 4. 5. (of
    noun), 26. 2. 13; 52. 1. 10; 78. 2.
    6; 80. 1. 1, 4. 2; 116. 5. 7;
    205. 2. 2; 262. 2. 9; 320. 1. 1;
    342. 2. 4; 353. 1. 11; 381. 3. 12,
    4. 5; 383. 1. 1; 408. 2. 5. (of
    preposition), 10. 2. 2; 383. 1. 1.
    (of pronoun), 1. 5. 5; 7. 3. 3, 7;
    16. 11. 2–3; 36. 2. 9; 266. 3. 1;
    274. 4; 372. 1. 9 (VI, p. 322);
    407 B. 2. 11; 417. 1. 10. (of prota-
    sis), 167. 4. 6; 177. 7. 10; 287. 1.
    7; 391. 2; 425. 3. 3. (of *quod*),
    55. 3. 3. (of verb), 14. 4. 5, 6;
    21. 8. 6; 30. 2. 7; 32. 2. 6; 35. 3.
    5; 60. 3. 3; 73. 7. 1; 75. 5. 4;
    77. 1. 4; 78. 2. 7; 80. 4. 2–4;
    82. 2. 5; 86. 2. 4; 90. 6. 3; 94. 3.
    8; 120. 2. 3; 126. 11. 3; 161. 5. 1;
    166. 1. 11, 2. 17; 176. 4. 12, 13;

ellipse (*cont.*)

187. 2. 4; 195. 6. 10, 11. 14;
199 A. 1. 5; 203. 2. 1; 206. 3. 2;
207. 4. 7; 208. 4. 5, 5. 4; 260. 5. 2;
283. 1. 4; 332. 1. 8; 337. 2. 2;
345. 1. 5; 353. 1. 8; 355. 1. 5;
358. 1. 2; 359. 3. 1; 360. 1. 3;
362. 1. 3; 363. 3. 6; 366. 2. 5;
372. 1. 4, 12; 374. 2. 8; 379. 4. 8;
381. 1. 5; 387. 1. 4; 389. 2. 3;
397. 3. 2, 7; 398. 2. 1; 404. 5. 5;
408. 1. 3; 413. 6. 3; 415. 3. 1;
416. 2. 3; 423. 1. 1, 4. 4

Epicurei, 104. 6. 4. cf. 125. 4. 2; I, p.
8, n. 5; VII, p. 85

Ennius, 35. 3. 4; 384. 7; 413. 1. 5

equites, 17. 8. 4; 18. 3. 6

Euclid, 23. 2. 4, 5

exsilium, 16. 9. 9–10

F

Fannius, *Annales*, V, pp. 400 ff.

fanum (*Tulliae*), V, pp. 404 ff. *sana*
(*praetorum in provinciis*), 114. 7. 12

fasces laureati, 133. 2; 195. 9. 4, 8

Fenestella, I, pp. 66 f.

feriae (*Lepidianae*), 420. 8. 1

Festus (Paulus, p. 92), 18. 3. 10

fevers (quartan), 125. 2. 4

fide iussio, 255. 4

fides publica, 44. 2. 9

figere leges, 366. 1. 7

forum Iulii, 89. 8. 5

fratres (*populi Romani*), 19. 2. 2.

fraud (on creditors), 10. 3. 4–5

freedmen, 21. 8. 14

frequens senatus, 73. 7. 1

future, 102. 1. 12; 137. 1. 2. (with
future perfect), 24. 2. 5; 64. 1.
9–10

future perfect, 9. 1. 4; 25. 1. 9

G

gender, 14. 5. 4 (feminine for mascu-
line); 23. 3. 6 (territorial neuter);
98. 2. 6 (sum of money); 107. 1.
6 (*dies*); 271. 1. 10

genitive, 53. 4. 8; 89. 6. 8; 144. 1. 3;
382. 9. (appositive), 36. 2. 17;
111. 1. 7; 311. 1. 1. (double),
73. 2. 5. (partitive), 162. 3. 3;
183. 2. 1, 5. 2; 190. 3. 7. (pos-
sessive), 113. 2. 6; 114. 7. 4;
209. 1. 1. (quasi-adjectival),
16. 11. 10. (with *dignus*), 165 A.
1. 2. (with *dissensio*), 197. 8. (with
opinio), 227. 1. 5. 223. 1. 4
(*animi pendere*). (with *vereri*), 156.
1. 3. (with *voluntas*), 6. 2. 4. (with
voluptas), 26. 2. 11. (forms of), 21.
1. 10 (*Isocrati*); 114. 2. 7 (*Orodi,
-is*); 162 D. 2. 3 (*adversarium*)

gerund, 83. 3. 2

gerundive, 73. 6. 13

gladiators, 16. 3. 6; 21. 1. 1; 138.
2. 2, 3 (Caesar's at Capua)

glutinatores, 78. 1. 4

gymnasium, 2. 2. 6; 6. 3. 3

H

health (ancient view of), 128. 1. 5,
5. 7

Hercules Πολυκλέους, 115. 17. 5

Hermae, 4. 2. 2

Hermathena, 9. 3. 1

Hermeraclae, 6. 3. 1

Homer, 16. 1. 4

Horace (*Sat.* II. 7. 102), 21. 5. 24

horti (*Caesaris*), 217. 6. 3. (price of),
264. 1. 6. (for Tullia's fane), V,
pp. 405 ff.

house, Cicero's, 13. 6. 2; 16. 10. 10;
60. 6. 10; 65. 2. 1; 73. 7. 13;
80. 2. 9. *domus Anniana*, 75. 3. 12;
Autroniana, 13. 6. 2; *Paciliana*, 14.
7. 3; *Rabiriana*, 2. 1. 4; *Tamphili-
ana*, 73. 4. 7. *Baiae Marianae*, 16.
10. 6. price of houses, 13. 6. 2

hybrid (Greek-Latin) forms, 16. 13.
12; 21. 12. 8. constructions, 14.
4. 4; 34. 1. 8
hyperbaton, 1. 4. 3 (cf. VII, p. 85);
34. 1. 3; 41. 6. 7; 55. 3. 3; 66. 3;
68. 4. 11; 91. 3. 4; 100. 9; 104.
6. 10; 183. 2. 4; 380. 2. 2; 417. 1.
6. Cf. 49. 6; 187. 1. 12

I

Ialysus Protogenis, 41. 4. 2–3
imperator, 113. 3. 6
imperfect (indicative), 1. 3. 4; 14. 5.
22; 49. 4; 113. 1. 10; 121. 4. 4;
123. 3. 3; 149. 8; 268. 1. 2; 415.
1. 4. (subjunctive), 6. 6. 4; 7. 1.
15; 27. 4. 3; 53. 1. 1; 203. 3. 5
imperium, 92. 4. 7
indicative, 1. 4. 7; 29. 1. 8; 63. 2. 3;
69. 2. 8–9; 216. 4. 2; 303. 3. 2;
325. 1. (with *cum*), 91. 1. 2–3;
264. 1. 6. (in *orat. obl.*), 4. 1. 4;
10. 1. 18; 31. 5
indicium, 44. 4. 2
infinitive, 69. 2. 2; 81. 4. (apposi-
tional), 20. 2. 8–9; 235. 2. 2; 260.
5. 11. (in exclamation), 397. 1. 3.
(historic), 30. 2. 4. (with *cave*),
62. 3. 5. (with *illud*, etc.), 104. 3. 4.
(after *videlicet*, with acc.), 104. 7.
5. (with *curo*), 383. 2. 5
inscriptiones falsae (*statuarum*), 115. 26
5
inter lucos, 75. 4. 13
interest (on loans), 12. 1. 3; 90. 7. 2;
93. 2. 2
-inus (for *-ianus*), 16. 10. 7
Italy, depopulation of, 19. 4. 18–19
iudices peregrini, 115. 15. 7
iudices CCCLX, 166. 2. 7
iudicium, see 'trials'
iusiurandum (*Ciceronis consulis*), 115.
22. 7
iustitium, 93. 1. 11

J

jokes (ingredient of letters), 98. 1. 3
jury service (exemption), 257. 2. 2
Juventas, 18. 3. 10

K

Kalendae, 241. 5

L

Laconicum, 84. 2. 2
Lambinus (reports of Z and margin-
alia), I, pp. 93 ff.; VI, pp. 315 ff.
lameness (as omen), 16. 13. 4
lanterns, 75. 5. 4
largitio in civis, 121. 2. 2
Latinae (*feriae*), 8. 1. 2
laws (not binding on colleagues of
proposer), 68. 4. 1–2
legare, 74. 6. 2; 90. 9. 2
legationes (*liberae*, etc.), 10. 2. 14;
24. 2. 2–3; 25. 1. 1; 38. 3. 4, 5. 7.
(*ad senatum*), 14. 5. 22
legio XII, 236. 2. 2. *legiones* (*Caesaris*),
130. 6. 9. *legiones Appianae*,
136. 2. 5; 139. 3. 10
leones Antoni, 205. 1. 4
letters (delivery of, etc.), 13. 1. 9;
28. 1. 2; 73. 4. 9. (dictation of),
40. 5. 7; 89. 1. 2. (written by
Atticus for Cicero), 60. 8. 5
lex Aelia (Aelia Fufia), 16. 13. 2
leges Antoniae: *de actis Caesaris*, 364.
1. 4; 407 A. 4. 6 (cf. VII, p. 90).
de provinciis consularibus, 368. 4.
2; 386. 2. 5. *de rege Deiotaro*,
366. 1. 10; *de Sicilia*, 366. 1. 7
lex Aufidia (*de ambitu*), 16. 13. 3, 7;
18. 3. 4
lex Caecilia Didia, 29. 1. 19
lex Cincia, 20. 7. 3
lex Claudia, 4. 2. 9
leges Clodiae: *de capite civis Romani*,
46. 9; 60. 5. 5. *de censoribus*,
89. 8. 14–15. *de collegiis*, 60. 4.

11. *de exsilio Ciceronis*, 46. 2; 48. 2–3; 49. 1. 4–5, 5. 6; 57. 1. 2; 60. 5. 1; 68. 4. 12; II, pp. 227. f. *de provinciis consularibus*, 46. 9

lex consularis de frumenti curatione (57 B.C.), 73. 7. 8

lex Cornelia *de sicariis*, 44. 3. 7

lex Cornelia *sumptuaria*, 274. 3

lex curiata, 18. 4. 4; 27. 2. 12–13

lex Flavia *agraria*, 19. 4. 3, 14

lex Fufia, 89. 5. 2

lex Fufia *iudiciaria*, 89. 5. 2

lex Fufia (*de religione*), 16. 2. 4

lex Furia, 255. 4

lex Gabinia, 19. 9. 2; 114. 12. 4

leges Juliae: *agraria*, 23. 3. 4; 24. 2. 8; 26. 2. 5; 27. 4. 2; 35. 1. 6; 36. 2. 6; 38. 2. 3; I, pp. 506 ff. *de agro Campano* (lex Campana), 36. 1. 2; 37. 1. 4; 44. 4. 7; I, pp. 406. ff. *de pecuniis mutuis*, 331. 3. 1. *de provinciis*, 103. 2. 3. *de publicanis*, I, p. 407. *de rege Alexandrino*, 25. 1. 1; I, p. 407. *sumptuaria*, 274. 3; 310. 1. 1

lex Licinia, 89. 6. 2

lex Licinia *de sodaliciis*, 90. 9. 2

lex Licinia Junia, 29. 1. 19

lex Livia, 104. 2. 1

lex octo tribunorum de reditu Ciceronis, 68. 1. 6, 9–10. Cf. 71. 2; 72; 73

lex Papia, 92. 4. 3

lex Plotia *agraria*, 18. 6. 2

lex Pompeia *de ambitu*, 182. 2. 6; 347. 1. 12

lex Pompeia *de iure magistratuum*, 124. 4. 3

lex Roscia, 21. 3. 9; 39. 3. 14

lex Scribonia *viaria*, 115. 25. 8

lex Sempronia *frumentaria*, 39. 3. 4

lex Terentia Cassia, 39. 3. 4

lex Thoria, 35. 4. 2

lex Trebonia, 85. 1. 5

lex Vatinia, 29. 1. 22; 42. 1. 7; I, p. 408

Liberalia, 115. 12. 3

Libertas, 74. 3. 10. Cf. 89. 8. 6

Libo, *liber annalis*, 303. 2. 4; 336. 3. 1

licitatio, 226. 4. 3

lippitudo (*Ciceronis*), 138. 1. 1; 162. 1. 1; 206. 1. 13

lolium, 22. 3. 2

Lucilius, 24. 2. 1 (fr. 1122); 353. 1. 13; 420. 1. 7 (fr. 1317)

Lucretius (III. 579), 224. 1. 8

luctus, 250. 2. 7 (*see also* VII, p. 87); 319. 1. 6

ludi Graeci, 410. 1. 3

Luperci, 242. 1. 2

M

macrocollum, 333. 3. 10; V, p. 414

magister (*bonorum*), 10. 3. 6; 115. 15. 14. (*equitum*), 183. 2. 6. ('*auctionis*'), 320. 4. 2

magistrates, prosecutions of, 90. 9. 6–7

marble (Megarian and Pentelic), 4. 2. 1–2

Menander (Koerte, *Fab. Inc. Fr.* 740), 354. 1. 1

Metonis annus, 239. 2. 5

mice (said to leave unsound buildings), 363. 1. 6

Micyllus, 349. 1. 3

Minerva *custos urbis*, 126. 3. 10

Moneta, 155. 3. 1; 393. 1. 5

mulli barbati, 21. 7. 7

Mulviana controversia, 35. 4. 2

municipales homines . . . rusticani, 163. 2. 2

mysteria (*Romana*), 114. 14. 8

N

names (adoptive), 65 (cf. 67. 3. 1; 90. 1. 1). (avoided in letters), 1. 5. 1 (cf. I, p. 405); 2. 2. 6–7. (nomen+cognomen and re-

names (*cont.*)
    verse), 44. 3. 27. (praenomen),
    16. 4. 9; 30. 1. 3; 75. 2. 14.
    (praenomen + cognomen), 75. 3.
    12–13. (variations in usage),
    380. 1. 13; 420. 1. 12
νεώτεροι, οἱ, 125. 1. 3
nobiles, 10. 2. 15; 11. 2. 2; 14. 5. 16;
    44. 3. 27
nominativus pendens, 380. 1. 5
noun (understood from prepositional
    phrase), 226. 1. 5
nundinae, 14. 1. 9

O

obnuntiatio, 16. 13. 2; 36. 2. 8; 75. 3.
    23, 4. 13; 85. 1. 1. cf. 1, pp. 406 f.
Ollius, *Laudatio*, 345. 2. 4
optimates, 176. 1. 13; 180. 3. 12

P

pactio consulum cum candidatis (54 B.C.),
    91. 2. 3 ff.
Pacuvius, *Iliona*, 368. 1. 1
palaestra, 6. 3. 3; 24. 7. 1
Panaetius, περὶ τοῦ Καθήκοντος, 420.
    4. 2, 10; περὶ Προνοίας, 313. 6
paraleipsis, 153. 3. 4
parataxis, 327. 2. 5
parchment, 333. 1. 5
parochus, 301. 2. 4
paronomasia, 16. 3. 9, 5. 21–2
Parthenon (*Bruti*), 343. 1. 3
Parthicus casus, 150. 3. 8
participle, present, 140. 2. 6; 188. 2.
    3; 198. 3. 2
pedarii, 19. 9. 3
peregrinitas, 27. 3. 5
perfect (*debuit*), 372. 5. 5. Cf. VII, p. 99
person, 1st plur., 1. 6. 3; 34. 2. 12–13
person for home (*apud me*, etc.),
    3. 1; 4. 1. 1; 16. 5. 3; 20. 1. 10.
    Cf. 53. 3. 4 (*Tigrane* = *Tigranis*

negotio); 91. 4. 1–2
Petronius (*Sat.* 88. 1), 144. 2. 1
Phocis Curiana, 37. 3. 8
pluperfect (indicative), 10. 1. 8;
    187. 2. 6. (subjunctive), 389. 1. 9
plural (allusive), 60. 7. 8. (generic),
    241. 5
pontifices, 73. 7. 11; 74. 4. 1, 1–2
porticus Catuli, 74. 3. 13; 75. 2. 2
Posidonius, περὶ τοῦ Καθήκοντος,
    420. 4. 8, 10
postscript (after *vale*), 79. 2. 5
praefecti, 97. 3. 4; 104. 6. 1, 2.
    (*fabrum*), 114. 6. 3; 174 C. 2. 2
prepositions (omission of), 75. 2. 1;
    137. 3. 4; 176. 2. 13, 3. 1; 204. 3.
    6. (pregnant use of), 226. 1. 5.
    (with certain place-names), 8. 2.
    4; 16. 10. 3. (metastrophe),
    195. 1. 12; 199. 8. 8
present (indicative), 73. 7. 12; 116. 9.
    7 (cf. 115. 7. 17); 165 A. 1. 5;
    208. 5. 1 (historic, after *cum*).
    (Subjunctive: second person,
    jussive), 76. 8; 105. 3. 3; 268. 2. 6
    (cf. VII, p. 95)
privilegium, 60. 5. 1
proditores patriae (restored by Sulla),
    182. 2. 7
pro magistro, 221. 1. 3
professio, 309. 1. 2
prohoemia, 305. 3. 2, 3; 323. 1. 7
pronoun, 1st personal, 402. 3. 6
provinces (assignment of), 13. 5. 1
    (praetorian); 16. 8. 8 (consular).
    ornatio provinciarum, 69. 1. 2
    (cf. 91. 2. 6)
provinciales aditus, 116. 5. 10
publicani, 17. 8. 2, 9. 3; 116. 5. 8;
    130. 5. 11
pugio, 44. 2. 13

Q

Quaestors (appointment *sine sorte*),

Quaestors (*cont.*)
121. 4. 7. *quaestores urbani*,
26. 2. 13; 36. 4. 16
question (= negative statement), 16.
10. 5–6
quinque viri, 27. 4. 2
Quirinus, 289. 1. 2

R

Rechtsfrage, 130. 6. 1; 132. 4. 3
redundancy, 7. 1. 7; 40. 2. 1–2;
42. 3. 3, 6. 4–5; 88. 1. 4;
89. 1. 5, 9. 11; 90. 3. 2–3;
212. 2. 4
Regia, 194. 1. 2
reiectio, 16. 3. 3. Cf. 16. 5. 19–21
repetition (rhetorical), 16. 5. 12;
17. 6. 1; 44. 2. 1; 63. 2. 1–2 (cf.
13. 2. 3–4; 21. 5. 21–2; 53. 4. 2–4;
68. 5. 8). (of antecedent in
relative clause), 379. 4. 4
Rhosica vasa, 115. 13. 9
rogatio (consulis a praetore), 176. 3.
15; 195. 11. 3. *rogationes*, 13. 3. 9

S

Saepta Iulia, 89. 8. 9, 12; VII, p. 95
'Sallust' (*Ep. ad Caesarem*, II. 9. 4),
139. 2. 10
Salus, 73. 4. 7; 290. 2. 2
salutation formulae, 1
satisdatio, 4. 1. 4. (*secundum mancipium*),
94. 2. 3
scribae, 44. 2. 13; 97. 1. 5; 260. 2. 2;
329. 4. 6
sella Caesaris, 380. 2. 9
Senate, 13. 2. 4 (order of speaking);
36. 4. 10–11 (voting); 74. 4. 1
(attendance); 75. 3. 20 (speeches
de scripto); 81. 8 (sumptuary
decree); 97. 2. 2 (grants to gover-
nors); 97. 2. 10 ('*consule!*' aut
'*numera!*'); 111. 2. 10 (official
despatches). *scribendo adesse*, 19. 9.

4; 124. 7. 7. See *auctoritas*,
frequens, *pedarii*
Senators (leave to go abroad), 165.
3. 6, 7
Seneca (*Ben.* IV. 12. 3), 176. 4. 13.
(*Dial.* VI. 17. 5), 176. 1. 13
septemviri (*agris dividundis*), 396. 1. 3,
2. 10
servare de caelo, see *obnuntiatio*
servitutes, 404. 4. 2
shorthand, 305. 3. 5; 333. 3. 16
Sicily (franchise in), 366. 1. 5
slaves, 12. 4. 3–4; 21. 8. 14. (manu-
mission), 125. 8. 9, 10
sortitio, see 'provinces'
sponsio, 6. 6. 9; 255. 4; VI, pp. 313 f.
statua Africani, 115. 17. 1
Strenia, 404. 4. 10
subjunctive, 152. 2. 9; 156. 1. 10;
210. 1. 2. (deliberative, 3rd
person), 199. 6. 8. (after *etsi*),
104. 2. 1. (potential), 195. 11. 6.
(in prohibitions), 21. 3. 18;
44. 1. 3; 355. 2. 1. (in questions
expressing incredulity), 30. 1. 1.
(after *quo minus* (*magis*)), 151. 3. 1.
(in relative clause), 10. 1. 11;
10. 3. 4–5; 102. 1. 5; 151. 1. 2;
174 C. 1. 5; 415. 1. 7. (temporal),
16. 2. 15–16; 209. 1. 4; 374. 2. 4
sumptus annuus (*proconsulis*), 124. 6. 3
supine, 28. 1. 10
supplicatio, 125. 7. 7

T

tacitum iudicium, 91. 3. 6
talarius ludus, 16. 3. 8
tense, variation of, 180. 5. 3
Terence (*Eun.* 640), 82. 4. 1–2
Tereus (Accii), 410. 1. 2; 412. 3. 3
theatre (places in), 21. 5. 17. (demon-
strations), 39. 3. 1
Theopompus, *Epistula ad Alexan-
drum*, 281. 2. 1, 2

Thucydides (III. 30. 4), 113. 3. 11
time, inclusive reckoning of, 101. 1.
3; 106. 1. 1; 109. 2. 3; 113. 2. 6,
3. 6; 115. 3. 13, 26. 7
tmesis, 381. 2. 9
toga triumphalis, 18. 6. 5
traductio ad plebem, 18. 4. 4; 21. 4. 9
Transalpine Gaul (Caesar's command
in), 153. 3. 7
Transpadani, 95. 3. 8; 104. 2. 1;
130. 6. 10
travel, speed of, 95. 1. 3; 100. 6;
112. 1. 3
trials, 14. 1. 10; 16. 2. 4, 5, 19–21;
18. 3. 6; 21. 9. 2; 44. 4. 1;
90. 4. 6, 7; 91. 3. 6. See *equites,
reiectio, tacitum iudicium*
Tribunes (of the Plebs), 114. 3. 6
(veto). See *obnuntiatio*
tribuni aerarii, 16. 3. 9
triplices, see *codicilli*
Triumphs, 92. 4. 7
'Triumvirate', 23. 3. 10–11; 24. 2. 7
tutela legitima, 1. 6. 1
Tyrannio, περὶ τῆς Ὁμηρικῆς Προσῳδίας,
306. 2. 1

U

usucaptio, 1. 6. 1

V

vacationes, 19. 1. 5

Valerius Maximus, 1, pp. 62 f.
Varro, *Imagines*, 420. 3. 1. *Laudatio*,
345. 2. 4. *de Lingua Latina*, 294.
3. 1. *de Re Rustica*, III, 90. 5. 2.
Τρικάρανος, 40. 1. 3
vectigal aedilicium, 115. 21. 3
vectigalia, 176. 4. 5
Vennonius, *Annales*, 239. 1. 9
Venus (Apellae), 41. 4. 2–3
verses (accidental), 109. 2. 1; 327. 1. 1
(cf. 125. 1. 3). (citations in text,
possible or supposed), 16. 1.10–
11; 18. 1. 2–3, 5–6; 44. 1. 4; 84. 1.
10; 89. 7. 5; 117. 1. 14; 124. 4. 6;
377. 4. 7; 381. 3. 2; 396. 1. 1 (cf.
124. 5. 3)
via Flaminia, 10. 2. 8
via Popilia, II, pp. 228 f.
vicesima, 36. 1. 15
viginti viri, 26. 2. 5
villa publica, 89. 8. 11, 12
virgines vestales, 13. 3. 7
vision (theories of), 23. 2. 5, 5–6
vocative, 363. 1. 8 (*Socrate*)

W

wills, witnessing of, 125. 3. 14, 15;
256. 2. 8, 12

Z

zeugma, 106. 3. 9; 195. 4. 3; 223. 3.
5; 331. 3. 6; 353. 1. 12; 359. 2. 7

V. INDEX GRAECITATIS

To text

A

Ἀβδηριτικόν, 130. 4
ἀγοητεύτως, 239. 1
ἄγραφον, 115. 15
ἀγῶνα, 16. 8
ἀδεῶς, 353. 1
ἀδημονῶν, 180. 7
ἀδιαφορία, 37. 2
ἀδικαίαρχοι, 30. 4
ἀδιόρθωτα, 327. 1
ἀδόλεσχος, 420. 1
ἀδύνατον, 10. 2
ἀδωροδόκητον, 113. 6
ἀζηλοτύπητον, 326. 4
ἀθέτησις, 123. 3
"Ἀθηναίων', 22. 2
αἱ γὰρ τῶν τυράννων δεήσεις κ.τ.λ. (cf.
    Plat. *Ep.* VII. 329 d), 180. 4
αἰδέομαι Τρῶας κ.τ.λ. (*Il.* VI. 442, XXII.
    105), 25. 1; 124. 4; 135. 3; 166. 2;
    321. 2; 332. 1
αἰδεσθεν μὲν ἀνήνασθαι κ.τ.λ. (*Il.* VII. 93),
    115. 23; 420. 6
αἴ κε δύνηαι (Hesiod, *Op.* 350), 320. 3
    (v. αὐτῷ τῷ μέτρῳ κ.τ.λ.)
αἰσχρὸν σιωπᾶν (Eur. fr. 796 Nauck),
    122. 5
αἰσχροῦ φαντασία, 172. 5
Ἀκαδημικήν, 320. 3. -κὴν σύνταξιν, 323.
    1
ἄκαιρος, 173. 3
ἀκαταληψίαν, 326. 3
ἀκεραίως, 398. 2
ἀκηδία, 290. 1
ἀκίνδυνα, 326. 1
ἀκκιζόμεθα, 39. 5
ἀκοινονόητον, 117. 7. -τως, 115. 7
ἀκολακεύτως, 349. 1

ἀκολασίαν, 365. 1
ἄκουσμα, 240. 2
ἄκρα Γυρέων (Archil. fr. 56. 2 Diehl),
    105. 1
ἀκροτελεύτιον, 114. 3
ἄλη, 191
ἀλίμενα, 180. 5
ἅλις, 380. 2
ἅλις δρυός, 39. 1 (cf. *Corp. Paroem. Gr.*
    I, p. 42)
ἅλις σπουδῆς, 21. 8
ἀλιτενεῖ, 367. 1
ἄλλα μὲν αὐτὸς κ.τ.λ. (*Od.* III. 26), 183. 4
ἀλλὰ τὰ μὲν προτετύχθαι κ.τ.λ. (*Il.*
    XVIII. 112, XIX. 65), 124. 9; 204.
    1
ἀλλ᾽ ἐμὸν οὔποτε θυμὸν κ.τ.λ. (*Od.* IX.
    33), 124. 2
ἀλληγορίαις, 40. 3
ἄλλοις ἐν ἐσθλοῖς κ.τ.λ., (trag. fr. adesp.
    105 Nauck), 376. 2
ἄλλο πρόβλημα, 119. 3
ἀλλ᾽ οὐ δαιτὸς ἐπηράτου κ.τ.λ. (*Il.* IX.
    228 sqq.), 367. 1
ἀλογηθῇ, 239. 2
ἀλογίστως, 177. 4
ἀλόγως, 274; 345. 1
Ἀμαλθεία, 16. 18. -εῖον, 16. 18
ἄμβροτος, 410. 5
ἄμεμπτα, 124. 9
ἀμεταμέλητος, -τον, 126. 2; 353. 1
ἀμηχανία, 408. 1
ἄμορφον ἀντιπολιτευομένου χρεωφειλέτην,
    131. 5
ἄμπνευμα σεμνὸν Ἀλφειοῦ (cf. Pind.
    Nem. I. 1), 242. 1
ἀμύμων, 410. 5 (v. μετ᾽ ἀμύμονα)
ἀναβολαί, v. σκήψεις
ἀναθεώρησις, -σιν, 189. 1; 369. 1; 370. 2

73

ἀνάθημα, 10. 5
ἀναλογία, 116. 3
ἀναντιφωνησία, 416. 2
ἀναντιφώνητον, 115. 23
ἀναπάντητον, 167. 3
ἀναπολόγητον, 415. 5
ἀναφαίνεσθαι, 31
ἀνδρ' ἀπαμύνεσθαι κ.τ.λ. (Il. XXIV. 369;
   Od. XVI. 72, XXI. 133), 29. 3
ἀνέκδοτον, -τα, 26. 2; 371. 6
ἀνεκτόν, 396. 1. -τότερα, 290. 1
ἀνεμέσητα, 415. 2. -τον γάρ, 259. 2
ἀνεμοφόρητα, 346. 4
ἀνηθοποίητον, 201. 6
ἄνθη, 420. 1
ἀνθηρογραφεῖσθαι, 26. 1
ἀνιστορησίαν, 115. 17
ἀνοίκειον, 420. 4
ἄνω ποταμῶν (Eur. Med. 410), 381. 1
ἀξιοπίστως, 346. 2
ἀπαιδευσία, 323. 1
ἀπάντησις, -σεις, 166. 2; 174. 2; 420. 6
ἀπαρρησίαστον, 169. 2
ἀπόγραφα, 294. 3
ἀποθέωσιν, -σει, 16. 13; 80. 2; 259. 1;
   275. 1
ἀπολιτικώτατον, 166. 1
ἀπολογισμόν συντάξομαι, 415. 3
ἀπορία, -ίαν, -ίᾳ, 135. 4; 145. 3; 381. 2;
   418. 2
ἀπορῶ, 134. 3; 177. 7; 321. 2
ἀποσπασμάτια, 21. 3
ἀπότευγμα, 298. 1
ἀποτόμως, 202. 5
ἀπότριψαι, 128. 5
ἀπρακτότατος, 14. 6
ἀπροσδιόνυσον, 423. 1
ἀπρόσιτον, 113. 6
ἀπροσφωνήτους, 158. 1
Ἄρειος πάγος, 14. 5
ἀρετή non est διδακτόν, 204. 4
ἀριστεία, -είαν, -είᾳ, 370. 2; 372. 1;
   419
ἀριστοκρατικῶς, 23. 4
Ἀριστοτέλους et Θεοπόμπου πρὸς

Ἀλέξανδρον, 281. 2. Ἀριστοτέλειον,
   326. 4
Ἀρκαδίαν (cf. Corp. Paroem. Gr. 1, p.
   207), 196. 2
ἀρχέτυπον, -πα, 241; 413. 1
ἀρχή, 201. 3
ἀσαφέστερος, 333. 2
ἀσελγοῦς, 30. 2
ἀσμεναίτατα, 329. 1
ἀσμενιστόν, 169. 2; 177. 9
ἄσπονδον, 177. 5
ἀστρατήγητος, 136. 1. -τότατον, 166. 1
ἀσφάλειαν, 39. 4; 418. 2
ἀσφαλές, 410. 3
ἀτοπώτατον, 404. 1
ἀτριψία, 323. 1
Ἀττικισμός, 93. 1
Ἀττικώτερα, 13. 5. -τατα, 378. 2
ἄτυφον, 123. 2
αὐθεντικῶς, 182. 2; 200. 1
αὐθωρεί, 33. 1
αὐτῇ βουλύσει, 406. 3
αὐτίκα γάρ, 123. 2
αὐτίκα γάρ τοι ἔπειτα κ.τ.λ. (Il. XVIII.
   96), 171. 3
αὐτίκα τεθναίην κ.τ.λ. (Il. XVIII. 98 sq.),
   171. 3
αὐτονομίαν, 115. 15; 116. 4
αὐτόχθων, 125. 3
αὐτῷ τῷ μέτρῳ καὶ λώιον (Hesiod. Op.
   350), 320. 3
ἄφατα, 396. 2. ἄφατα, ἀδιήγητα, 317. 1
ἀφελέστατος, 18. 1. ἀφελῶς, 115. 8; 120.
   1
ἀφίδρυμα, 300. 1
ἀφιλόδοξον, 37. 2
ἀφράκτῳ, 202. 4
ἀχαριστίας, 174. 4

B

βαθύτης (-τητα), 83. 3; 103. 3; 115. 2
βεβίωται, 238. 2; 375. 3
βλάσφημα, 389. 4

Βοῶπις -ιν, -ιδος, 29. 1; 30. 2; 34. 1; 42. 5

δυσωπία, -ίαν, 309. 2; 426. 2

Γ

γαυριῶ, 410. 5
γενικώτερον, 177. 6. γενικῶς, 14. 2
γεροντικόν, -κώτερον, 248. 2
γεωγραφικά, 26. 1
γεωμετρικῶς, 316
γῆν πρὸ γῆς (Aesch. P. V. 682), 364. 1
γλίσχρως, 409. 5
γλυκύπικρον,114. 4
γοητείαν, 180. 4
γυμνασιώδη, 2. 2; 5. 2

Δ

δεδῆχθαι, 328. 4
δεινὸς ἀνήρ· τάχα κεν κ.τ.λ. (Il. XI. 654), 333. 3
δέρρεις, 93. 1
δευτερεύοντος, 16. 12
Δημοσθένους, 378. 2
δήμους, 126. 10
διάθεσιν, 357. 2
διαίρεσιν, 115. 5
διάλογον, -γους, 98. 2; 416. 3
διὰ σημείων, 305. 3
διατροπήν, 180. 7
διαφάσεις, 23. 2
διβάφῳ, 29. 2
διευκρινήσεις πρόβλημα sane πολιτικόν, 132. 2
Διονύσιος ἐν Κορίνθῳ, 176. 1
διπλῆ, 152. 4
διφθέραι, 332. 1
διψῶσαν κρήνην, 242. 1
δολιχὸν πλόον ὁρμαίνοντες (-τα. Cf. Od. III. 169), 414. 1; 423. 1
δυσδιάγνωστον, 97. 1
δυσεκλάλητα, 183. 3
δυσουρία, 201. 3
δυσχρηστία, 415. 6
δύσχρηστα, 128. 3

Ε

ἐὰν διαμείνῃ, 390. 2
ἐβδελυττόμην, 408. 2
ἐγγήραμα, 264. 2; 268. 2; 285. 2
ἐγκελεύσματα, 115. 8
ἐγκωμιαστικά, 19. 2
εἰ δὲ μή, 36. 4
εἴδωλα, 23. 2
εἰδώς σοι λέγω, 174. 3
εἰ μενετέον ἐν τῇ πατρίδι κ.τ.λ., 173. 2
εἰρωνεία, 420. 2
εἰς ἀποθέωσιν, 277
εἷς ἐμοὶ μυρίοι (Heraclitus, fr. 49 Diels) 420. 1
εἷς οἰωνὸς ἄριστος κ.τ.λ. (Il. XII. 243), 23. 4
ἐκβολὴ λόγου (cf. Thuc. I. 97. 2), 124. 6
ἐκτένειαν, 209. 1
ἐκτενέστερον, 317. 1
ἐκτοπισμός, 259. 1
ἐκφώνησις 'ὑπέρευ', 190. 3
ἔκχυσις, 23. 2
ἐλάπιζεν, 180. 4
ἑλικτὰ καὶ οὐδέν (cf. Eur. Andr. 448), 45. 1
ἐμετικήν, 353.
ἐμπολιτεύομαί σοι, 130. 7
ἐμφιλοσοφῆσαι, 92. 2
ἐν αἰνιγμοῖς, 39. 5; 120. 1
ἐνδόμυχον, -χῳ, 107. 3; 114. 14
ἐν δυνάμει, 172. 6
ἐνεπερπερευσάμην, 14. 4
ἐν ἐπιτομῇ, 113. 1
ἐνερευθέστερον, 240. 1
ἐν ὁμοπλοίᾳ, 409. 3
ἐν παρόδῳ, 113. 6
ἐν πολιτικῷ, 426. 3
ἐνσχολάζω σοι, 134. 2
ἐντάφιον, 268. 2
ἐν τοῖς ἐρωτικοῖς, 177. 2
ἐν τοῖς πολιτικοῖς, 13. 4
ἐντυραννεῖσθαι, 34. 1

INDEX GRAECITATIS

ἐξακανθίζειν, 121. 1
ἐξ ἄστεως ἑπταλόφου στείχων κ.τ.λ.,
  119. 2
ἐξ ἀφαιρέσεως, 115. 2
ἐξοχή, 90. 7
ἐξωτερικούς, 89. 2
ἐπαγγέλλομαι, 29. 3
ἐπεὶ οὐχ ἱερήιον οὐδὲ βοείην (*Il.* XXII.
  159), 10. 4
ἐπέχειν, 121. 3; 123. 3
ἐπιδήμιον, 247
ἐπικεφάλια, 109. 2
ἐπικώπων, 104. 4
ἐπισημασίαν, -ίας, 16. 11; 357. 2
ἐπίσκοπον, 134, 5
ἐπισταθμείαν, 353. 2
ἐπὶ σχολῆς, 25. 3
ἐπίτευγμα, 298. 1
ἐπίτηκτα, 124. 5
ἐπιφωνήματα, 19. 3
ἐπιχρονία ἐποχή, 123. 3
ἐποχή, -ήν, -ῆς,-ῇ, 121. 3; 123. 3; 351.
  3; 398. 2
ἑπταμηνιαῖον, 210. 1
ἔρανον, 242. 1
ἐργῶδες, 396. 1
ἔρδοι τις (Arist. *Vesp.* 1431; cf. *Corp.*
  Paroem. Gr. II, p. 219), 103. 3
ἕρμαιον, 326. 5
ἐσόφιζετο, 36. 2
ἔσπετε νῦν μοι, Μοῦσαι κ.τ.λ. (*Il.* XVI. 112
  sq.), 16. 5
ἔστω ὄψις μὲν ἡ Α κ.τ.λ., 23. 2
ἑταίρῳ, 171. 3
εὐαγγέλια, 23. 1; 30. 1; 343. 1
εὐανατρέπτους, 34. 1
εὐγενῆ, 160. 1. εὐγενέστερος, 327. 4
Εὐδαίμονα (Arabiam), 178. 4
εὐελπιστία, 37. 2
εὐεργέτῃ, 171. 3
εὐήθειαν, 116. 10
εὐημερήματι, 114. 2
εὐημερίαν, 180. 1
εὐθανασίαν, 415. 3
εὐκαιρίαν, 418. 2

εὐκαιρότερον, 77. 1
εὐκαίρως, 317. 1
εὐκόλως, 327. 3
εὐλαβῶς, 331. 3
εὐλογίαν, 329. 4
εὔλογον, 309. 3; 312. 1; 314; 376. 2.
  -γώτατον, 310. 4
εὐμενείᾳ, 420. 2
Εὐμολπιδῶν πάτρια, 5. 2
εὐπινές, 243. 2 -νῶς, 394. 2
Εὔπολιν τὸν τῆς ἀρχαίας, 115. 18
εὐπόριστον, 124. 7
εὐρίπιστα, 359. 2
εὐστομάχως, 171. 2
εὐτόκησεν, 210. 1
ἕωλα, 327. 1

Z

ζηλοτυπεῖν, 325. -πεῖσθαι, 32. 1. 1
ζηλοτυπίᾳ, 199 A. 1
ζήτημα, 126. 10
ζώσης φωνῆς, 30. 2

H

ἡ δεῦρ' ὁδὸς κ.τ.λ. (trag. fr. adesp. 106
  Nauck), 389. 3; 414. 2
ἤθους ἐπιμελητέον, 201. 6
ἡμερολεγδόν, 90. 3
ἠπόρησας, 115. 18
Ἡρακλείδειον, -είῳ, 381. 3; 406. 2;
  412. 6; 416. 3; 420. 3; 421
Ἡρώδης, 22. 2
ἥρως, -ωα, -ωες, -ωας, 136. 1; 187. 2;
  358. 2; 390. 2
ἠσίτησας, 359. 1

θ

θεῖοι, 22. 1
Θεοφάνης, 25. 1
Θεοπόμπου, v. Ἀριστοτέλους
Θεοφράστου περὶ Φιλοτιμίας, 23. 4
θέσεις, 173. 1; 176. 1

θεωρίαν, 306. 2
θυμικώτερον, 202. 5

Ι

'Ιλιάς, 161. 3
Ἰσοδυνάμουσαν, 115. 15
ἱστορικόν, -κά, 19. 10; 115. 8. -κώτατος,
    116. 3
ἰτέον, 376. 2

Κ

καθῆκον, 420. 4; 425. 3
καθολικὸν θεώρημα, 374. 3
καὶ Κικέρων ὁ μικρὸς κ.τ.λ., 29. 4
καὶ Κικέρων ὁ φιλόσοφος κ.τ.λ., 30. 4
καὶ μάλα κατηφής (Menandro tribuen-
    dum ut vid.), 354. 1
καὶ μάλα σεμνῶς, 390. 1
καὶ συναποθανεῖν, 144. 2
καὶ τόδε Φωκυλίδου (cf. Diehl, Anth.
    lyr. Gr. I³, fasc. I, p. 57), 85. 1
Καλλιππίδης, 320. 3
κἂν ὑπὸ στέγῃ κ.τ.λ. (cf. Soph. fr. 636
    Pearson), 27. 4
Καταβάσεως, 302. 2; 305. 2; 309. 2
καταβίωσιν, 296. 2
κατακλείς, 23. 4; 187. 3
κατὰ λεπτόν, 38. 2
κατὰ μίτον, 370. 3
κατὰ τὸ κηδεμονικόν, 37. 3
κατὰ τὸ πρακτικόν, 27. 4
κατ' εἰδώλων ἐμπτώσεις, 23. 2
κατηχήσει, 390. 2
κατ' ὀπώρην τρύξ, 30. 3
καχέκτης, 14. 6
κεκέπφωμαι, 343. 2
κέκρικα, 302. 3
κενόν, 123. 2
κενόσπουδα, 167. 1
κέρας, 113. 9; 114. 9; 115. 13
κεφάλαιον, 111. 1
Κικέρων, ἀριστοκρατικώτατος παῖς, 35. 4
κινδυνώδη, 186. 2

κοινόν, 421. -ότερα, 318. 2
κολακεία, -εῖαι, 298. 1; 303. 1
'Κορινθίων', 22. 2
Κῦρος β', 279. 2. Κύρου παιδείαν, 23. 2
Κωρυκαῖοι, 210. 1
κωφὸν πρόσωπον, 326. 3

Λ

Λ, 394. 1
λαλαγεῦσα, -αν (cf. Anth. Pal. x.1.1),
    187. 3; 192. 1
λαμπρά, 113. 6
λάπισμα, 180. 4
λεληθότως, 119. 3
λέσχη, 248. 2
ληκύθους, 14. 3
λῆρος πολύς, 375. 4; 409. 4
λῆψις, 130. 3
λογικώτερα, 326. 5
λόγοισιν Ἑρμόδωρος (cf. Corp. Paroem.
    Gr. I, p. 116), 327. 1

Μ

μακάρων νῆσοι, 239. 1
μακροψυχίαν, 178. 4
μάλ' ἀριστοκρατικῶς, 14. 2
μάντις δ'ἄριστος, 136. 4
μεθαρμόσομαι, 259. 2
μείλιγμα, 298. 1
μελέτη, 103. 3
μελήσει, 239. 2; 371. 3; 381. 2
μέμψιν, 152. 2; 321. 2. -ιν ἀναφέρει,
    347. 1
Μέντορ, πῶς τ' ἄρ' ἴω κ.τ.λ. (Od. III.
    22), 175. 2
Μεσοποταμίαν, 178. 4
μετ' ἀμύμονα (Il. XVII. 280), 410. 5
μετέωρος, 104. 6; 402. 4. -ρότερον, 410. 3
μὴ γὰρ αὐτοῖς, 328. 4
μηδὲ δίκην (cf. Corp. Paroem. Gr. II,
    p. 759), 142. 4
μηδὲν αὐτοῖς, 115. 16

μηδὲ σωθείην ὑπό γε τοιούτου, 426. 3
μὴ μάν ἀσπουδί γε κ.τ.λ. (cf. *Il.* XXII. 304
sq.), 190. 1
μή μοι γοργείην κεφαλὴν κ.τ.λ. (*Od.* XI.
634), 174. 3
μὴ πολιτεύεσθαι, 374. 5
μήπω μέγ' εἴπῃς κ.τ.λ. (Soph. fr. 662
Pearson), 79. 1
μὴ σκόρδου (cf. *Corp. Paroem. Gr.* I, p.
421), 354. 3
μνημονικὸν ἁμάρτημα, 336. 3; 359. 1
μυστικώτερον, -ρα, 74. 7; 118. 3
Μώμῳ, 113. 6

N

νᾶφε καὶ μέμνασ' ἀπιστεῖν κ.τ.λ. (Epi-
charmus, fr. 200 Kaibel), 19. 8
νέκυια, -αν, 177. 7; 178. 2; 187. 2
νεόκτιστα, 116. 3
νεωτερισμοῦ, 359. 3

Ξ

ξυνὸς Ἐνυάλιος (*Il.* XVIII. 309), 131. 4

O

ὁ γναφεὺς ἄνθρακας, 383. 1
ὁ δὲ οὐκ ἐμπάζετο μύθων (*Od.* XVII. 488,
XX. 384), 77. 3
ὁδοῦ πάρεργον, 114. 13; 124. 5
οἷάπερ ἡ δέσποινα (cf. *Corp. Paroem. Gr.*
II, p. 44), 104. 5
οἰκεῖον, 6. 3
οἰκοδεσποτικά, 285. 2
οἰκονομία, -αν, 115. 1, 11
οἶκος φίλος (cf. *Corp. Paroem. Gr.* I,
p. 438), 392
οἱ μὲν παρ' οὐδέν εἰσι κ.τ.λ. (Rhinton (?).
Cf. Kaibel, *Com.. Gr. Fr.* p. 189)
20. 3
οἱ περὶ αὐτόν, 353. 2

οἴχεται, 115. 1
ὁμοειδεῖς, 26. 1
ὁμολογουμένως τυραννίδα συσκευάζεται,
37. 1
ὁμοπλοίᾳ, 410. 3; 411. 4
ὀξύπεινος, 30. 2; 87. 1
ὀπαδοί, 83. 2
ὁ πλόος ὡραῖος (*Anth. Pal.* XI. 1. 1),
174. 5
Ὀποῦς, Ὀπούντιοι. 116. 3
ὁρμή, 134. 5
οὐ γὰρ δὴ τόδε μεῖζον ἔπι κακόν (cf. *Od.*
XII. 309), 129. 2
οὐδέ μοι ἦτορ κ.τ.λ. (*Il.* X. 93 sq.), 172. 4
οὐδὲν γλυκύτερον ἢ πάντ' εἰδέναι (Men-
and. *Epitr.* fr. 2), 86. 2
οὐδὲν ὑγιές, 377. 3
οὐκ ἔλαθέ σε, 115. 8
οὐκ ἐπέστησεν, 341. 1
οὐκ ἔστ' ἔτυμος λόγος (Stesichorus, fr.
11 Diehl), 180. 1
οὐ παρὰ τοῦτο, 408. 2
οὐ ταὐτὸν εἶδος (Eur. *Ion* 585), 319. 1
οὕτως που τῶν πρόσθεν κ.τ.λ. (cf. *Il.* IX.
524), 134. 3
οὐχ ὁσίη φθιμένοισιν (cf. *Od.* XXII. 412),
77. 2

Π

πάθει, 239. 1
παῖδες παίδων (cf. *Il.* XX. 308), 420. 1
παλιγγενεσίαν, 121. 4
παλινῳδία, -αν, 29. 1; 80. 1; 130. 1
Παναιτίου περὶ Προνοίας, 313
πανήγυρις, 14. 1
πανικόν, -κά, 113. 3; 357. 1; 409. 4
πάντα φιλειδήμονα, 306. 2
παντοίης ἀρετῆς μιμνήσκεο (*Il.* XXII. 268),
15. 1
πάνυ φιλοστόργως, 406. 1
παραινετικῶς, 201. 1
παρακινδυνεύειν, 298. 1
παρὰ λέξιν, 411. 1
παράπηγμα ἐνιαύσιον, 107. 1

παραποπλευτέον, 203. 2
παρὰ τὴν ἱστορίαν, 318. 1
παρὰ τὸ πρέπον, 323. 1
παραφύλαξον τὴν τοῦ φυρατοῦ φιλοτιμίαν, 123. 2
παρεγχείρησις, 381. 3
παρ' ἠνεμόεντα Μίμαντα κ.τ.λ. (cf. *Od.* III. 171 sq.), 423. 2
παριστορῆσαι, 115. 25
παρρησίαν, 16. 8
πάσχω τι, 397. 1
πειθανάγκην, 108. 4
πειράζεσθαι παραλύσει, 415. 8
Πειρήνην, 242. 1
'Πελληναίων', 22. 2
Πεντέλοιπον, 375. 4; 379. 2
πεπινωμέναι, 361. 2. -νως, 391
πεπλογραφίαν, 420. 3
περὶ κοιλιολυσίαν γίνεσθαι, 205. 1
περὶ μικρὰ σπουδάζειν, 327. 1
περίοδοι ἢ καμπαὶ ἢ ἐνθυμήματα ἢ κατασκευαί, 14. 4
περὶ Ὁμονοίας, 161. 7
περιοχάς, 333. 3
Περιπατητικά, 326. 4
περὶ Τελῶν (σύνταξιν), 320. 3; 326. 4
περὶ τοῦ κατὰ περίστασιν καθήκοντος, 420. 4
περὶ τῶν ὅλων, 37. 3
περὶ Ψυχῆς, 305. 2
Περσική, 387. 1
πεφυσίωμαι, 113. 6
πιθανά, 326. 5
πίνος, 361. 2
Πλάτων, 180. 4
πλουδοκῶν, 199. 9
πλοῦς, 398. 3
ποῖ ταῦτα ἄρα ἀποσκήψει;, 242. 1
πολιτείαν (-είᾳ), 21. 8; 23. 3
   Πολιτείᾳ, 89. 3
πολιτεύεσθαι, 360. 2. -εύομαι, 26. 2.
   -ευτέον, 26. 2, 191
   πεπολιτεύμεθα, 360. 2
πολίτευμα, 115. 13; 174. 3
πολιτικός, -κήν, -κοί, -καί, 83. 1; 173. 1;

187. 4; 262. 2; 293. 2 (v. etiam φιλόπατριν). -κὸς ἀνὴρ οὐδ' ὄναρ, 18. 6. -κὸν σκέμμα, 131. 3. -κὸν σύλλογον, 303. 2. -κῶς, 82. 4; 131. 4; 136. 1
πολιτικώτερος, -ρον, -ρα, 21. 3; 105. 2; 318. 2; 360. 2; 368. 1
πολλὰ δ'ἐν μεταιχμίῳ κ.τ.λ. (fr. iamb. adesp. Diehl³, fasc. 3, p. 77; cf. Bergk, *Lyr. Gr.* III⁴, p. 693), 117. 1
πολλὰ μάτην κεράεσσιν κ.τ.λ. (cf. Callim. fr. 732 Pfeiffer), 157. 1
πολλὰ χαίρειν τῷ καλῷ, 158. 2
πολλοῦ γε καὶ δεῖ, 115. 20
πολυγραφώτατος, 325
Πολυκλέους, 115. 17
πομπεῦσαι καὶ τοῖς προσώποις, 305. 3
πότερον δίκᾳ τεῖχος ὕψιον κ.τ.λ. (Pind. fr. 213 Snell), 341. 2
Πουλυδάμας μοι πρῶτος (*Il.* XXII. 100), 25. 1, 124. 4
ποῦ σκάφος τὸ τῶν Ἀτρειδῶν; (cf. Eur. *Troad.* 455), 126. 5
πραγματικόν, 357. 2
πρᾶξιν, 372. 5. -ιν πολιτικοῦ, 205. 1
πρόβλημα, 124. 2; 238. 2. -μα Ἀρχιμήδειον, 240. 2; 299. 3
προβολήν, 351. 3
προθεσπίζω, 161. 3
προκοπήν, 391
πρόπλασμα, 283. 4
πρόπυλον, -λῳ, 115. 26; 121. 2
προσανατρεφομένην, 115. 2
πρόσθε λέων, ὄπιθεν δέ (*Il.* VI. 181), 36. 4
πρὸς ἴσον ὁμοιόνque, 349. 1
πρόσνευσιν, 97. 2
πρὸς ταῦθ' ὅ τι χρὴ κ.τ.λ. (Eur. fr. 918 Nauck), 158. 2
πρὸς τὸ ἀσφαλές, 136. 3
πρὸς τὸ πρότερον, 16. 2
προσφώνησιν, 320. 3
προσφωνῶ, 327. 1; 420. 4. -νοῦμεν, 417. 2
πρῷρα πρύμνα, 92. 1
πυροὺς εἰς δῆμον, 121. 2

INDEX GRAECITATIS

P

ρητορεύουσιν, 392
ροπή, 410. 4
ρωπογραφία, 392

Σ

σεμνότερός τις, 21. 3
σῆμα δέ τοι ἐρέω (Il. ΧΧΙΙΙ. 322), 90. 7
Σηστιωδέστερον, 141. 2
Σιποῦς, Σιπούντιοι, 116. 3
σιττύβας, 78. 1
σκάφος, 126. 5
σκέμμα, 145. 3
σκέψαι, 239. 2
σκήπτομαι, 419
σκήψεις atque ἀναβολαί, 12. 1
σκολιά, σκολιαῖς ἀπάταις (v. πότερον δίκᾳ κ.τ.λ.), 342. 2; 344. 1
σκοπός, 38. 1; 161. 2; 408. 2
σκυλμόν, 87. 1
σκυτάλην Λακωνικήν, 201. 3
σόλοικον, 360. 2
σοφιστεύειν, 29. 3. -εύω, 176. 1
Σπάρταν, 20. 3. -αν ἔλαχες, ταύταν κόσμει (cf. Corp. Paroem. Gr. I, p. 307), 83. 2
σπείσασθαι, 408. 2
σπονδειάζοντα, 125. 1
σπουδαῖον οὐδέν, 353. 2. σπουδαιότερον, 96. 2
σπουδή, 298. 1
στερκτέον, 177. 7
στοργή, 199. 9
στρατηγήματι, 95. 2
σύγγραμμα, 414. 4
συγκύρημα, 30. 2
σύγχυσιν, 123. 1. -ιν τῆς πολιτείας, 131.4
σὺ δὲ δὴ τί σύννους; (Menandro tribuendum, ut vid. Cf. Fab. inc. fr. 722. 1 Koerte), 354. 1
σύκῳ, μὰ τὴν Δήμητρα κ.τ.λ. (Com. Adesp. fr. 189 Kock, III, p. 445), 82. 2
σύλλογον, 305. 3

συμβίωσις, 331. 1
συμβουλευτικόν, 281. 2
συμπάθεια, -αν, 89. 6; 90. 1; 111. 3; 199. 10
συμπαθῶς, 104. 7; 285. 1
συμπάσχω, 249
συμπόσιον, 30. 2
συμφιλοδοξοῦσιν, 110. 2
συναγωγή, 180. 3; 410. 5
συνδιημερεύομεν, 160. 1
σύνες ὅ τοι λέγω, 201. 3
συνηγωνίων, 105. 2
σύνναον, 290. 2
συνοδία, 198. 2
σύνταγμα, -ματα, 285. 4; 413. 1
συντάξεις, 402. 4
σύν τε δύ' ἐρχομένω (Il. Χ. 224), 172. 6
σύντηξις, 199. 9
σύντομα, 126. 5
σφάλμα, 204. 2
σχεδιάζοντα, 115. 11
σχεδίασμα, 396. 2.
σχύλιον, -ίῳ, 415. 3
Σωκρατικῶς εἰς ἑκάτερον, 23. 3
σῶμα, 21. 3

Τ

ταγοί, 83. 3
τὰ κατὰ μέρος, 329. 2
τὰ κενὰ τοῦ πολέμου (cf. Corp. Paroem. Gr. I, p. 300), 113. 3
τὰ κεφάλαια, 420. 4
τὰ μὲν διδόμενα (cf. Plat. Gorg. 499 c), 119. 3; 394. 1
τὰν δ'αἰτίαν τῶν Βρούτων τις ἔχει, 390. 2
ταξιάρχης, 420. 3
τὰ ὅλα, 343. 2
τὰ περὶ τοῦ καθήκοντος, 417. 2; 420. 4
τὰς τῶν κρατούντων (Eur. Phoen. 393), 45. 1
ταὐτόματον ἡμῶν (Cf. Meineke, Com. Gr. fr. IV, p. 361), 12. 1
τέθριππα, 114. 7

τεκμηριῶδες, 127. 2

τέκνον ἐμόν, οὔ τοι δέδοται κ.τ.λ. (cf.
Il. v. 428 sq.), 367. 2

τέλος, 306. 2

Τέμπη, 90. 5

τέρας, 160. 2

τέτλαθι. κύντερον (cf. *Od.* xx. 18), 183. 3

τετυφῶσθαι, 264. 2

Τεῦκρις, 14. 7

τεχνολογίαν, 89. 3

Τηλέπυλον Λαιστρυγονίην (*Od.* x. 82),
33. 2

τὴν ἀρέσκουσαν, 23. 3

τὴν ἔσω γραμμήν, 82. 4

τὴν θεῶν μεγίστην κ.τ.λ. (Eur. *Phoen.*
506), 134. 1

τὴν κρήνην, 242. 1

τὴν παροῦσαν κατάστασιν τυπωδῶς,
87. 2

τῆς δάμαρτός μου ὁ ἀπελεύθερος κ.τ.λ.,
118. 3

τῆς ξυναόρου τῆς ἐμῆς οὐξελεύθερος κ.τ.λ.,
119. 1

τί γὰρ αὐτῷ μέλει;, 238. 2

τί ἐκ τούτου;, 377. 4

τί λοιπόν;, 115. 20

τιμήν, 259. 1

τίς δ᾿ἐστὶ δοῦλος κ.τ.λ. (Eur. fr. 958
Nauck), 169. 2

τίς πατέρ᾿ αἰνήσει; (cf. *Corp. Paroem.
Gr.* I, p. 314), 19. 10

τὸ ἄμεινον κ.τ.λ. (cf. Thuc. I. 138. 3),
199. 7

τὸ γὰρ εὖ μετ᾿ ἐμοῦ (Eur. fr. 918. 3
Nauck), 115. 8 (cf. 158. 2)

τὸ ἐπὶ τῇ φακῇ μύρον (cf. *Corp. Paroem.
Gr.* II, p. 573), 19. 2

τοῖς ἀπαντῶσιν, 128. 3

τὸ καλόν, 158. 2

τὸ μέλλον καραδοκήσεις, 177. 8

τὸ νεμεσᾶν interest τοῦ φθονεῖν, 112. 3

τὸν θεωρητικόν (*sc.* βίον), 36. 3

τὸν πρακτικὸν βίον, 36. 3

τὸν τῦφόν μου πρὸς θεῶν τροποφόρησον,
300. 1

τὸ παραδοξότατον, 115. 16

τοποθεσίαν, -ίᾳ, 13. 5; 16. 18

τὸ συνέχον, 174. 1

τότε μοι χάνοι εὐρεῖα χθών (*Il.* IV. 182,
VIII. 150), 176. 3

τοῦ καλοῦ, 134. 1

τοὐμὸν ὄνειρον ἐμοί (Callim. *Epigr.* 32.
2 Pfeiffer), 123. 3

τοῦτο δὲ μηλώσῃ, 293. 2

τοῦ φθονεῖν, v. τὸ νεμεσᾶν,

τρηχεῖ᾿, ἀλλ᾿ ἀγαθὴ κουρότροφος κ.τ.λ.
(*Od.* IX. 27 sq.), 32. 2

Τριπολιτικόν, 305. 2

τρισαρεοπαγίτας, 90. 4

τυφλώττω, 39. 1

τῷ καλῷ προσπέπονθα, 39. 1

τῶν μὲν παρόντων δι᾿ ἐλαχίστης βουλῆς
κ.τ.λ. (Thuc. I. 138. 3), 199. 7

τῶν νεωτέρων, 125. 1

τῶν πολιτικωτάτων σκεμμάτων, 190. 3

τῶν προὔργου τι, 173. 3

τῷ τῶν νεῶν καταλόγῳ, 116. 3

Υ

ὑγιές, 203. 4

ὑπεκθέμενος, 141. 4

ὑπεραττικός, 378. 2

ὑπερβολικῶς, 114. 7; 116. 4

ὑπηνέμιος, 364. 1

ὑπηρεσίαν, 180. 5

ὑπόθεσις, -ιν, 14. 4; 290. 2; 376. 1; 378. 2

ὑποθήκας, 37. 3

ὑποκορίζῃ, 177. 4

ὑπομεμψιμοίρους, 115. 2

ὑπόμνημα, 21. 2; 400; 425. 4

ὑπομνηματισμόν, 104. 6

ὑποσόλοικον, -κα, 31; 375. 3

ὑπόστασιν, 23. 3

ὑπὸ τὴν διάλειψιν, 168; 177. 8

ὕπουλον, 202. 1

ὑπώπιον, 20. 5

ὕστερον πρότερον, Ὁμηρικῶς, 16. 1

F

INDEX GRAECITATIS

Φ

Φαίδρου περὶ Θεῶν, 342. 2
φαινοπροσωπεῖν, 145. 1. -πητέον, 376. 2
φαλάκρωμα, 356. 3
Φαλαρισμόν, 135. 2
φιλαίτιος, 328. 2. -ιον συμφορά, 283. 2
φιλαυτία, 321. 1
φιλέλληνες, 15. 1
φιλένδοξος, 326. 3
φιλόλογα, 353. 2; 393. 2. -γώτερα, 320. 3
φιλόπατρις, 21. 4. -ιν ac πολιτικόν, 177. 5
φιλοπροσηνέστατα, 102. 1
φιλορήτορα, 13. 5
φιλοσοφεῖν, 25. 2. -φητέον, 16. 13. -φοῦμεν, 417. 2. -φῶμεν, 33. 2
φιλοσόφως, 328. 4. -φώτερον διευκρινήσομεν, 131. 3
φιλοστοργότερον, 317. 1. -γως, 394. 1, 2
φιλοτέχνημα, 343. 1
φιλοτιμία, 124. 1.
φιλοφρόνως, 393. 2
Φλιοῦς, 116. 3
φοβερὸν ἂν ἦν, 346. 2
φυρατής, 124. 9
φυρμὸς πολύς, 359. 1

φυσᾷ γὰρ οὐ σμικροῖσιν αὐλίσκοις κ.τ.λ. (Soph. fr. 768 Pearson), 36. 2
φυσικὴν esse τὴν στοργὴν τὴν πρὸς τὰ τέκνα, 125. 4

Χ

χρεῶν ἀποκοπάς, φυγάδων καθόδους, 134. 1
χρησμός, 177. 5
χρηστομαθῆ, 2. 2
χρύσεα χαλκείων (Il. VI. 236), 115. 22

Ψ

ψευδεγγράφῳ, 404. 1
ψευδησιόδειον, 142. 4
ψιλῶς, 240. 2

ω

ὦ ἀπεραντολογίας ἀηδοῦς, 246
ὠνάς, 109. 2
ὦ πολλῆς ἀγεννείας, 207. 2
ὦ πραγμάτων ἀσυγκλώστων, 115. 17
ὦ πράξεως καλῆς μέν, ἀτελοῦς δέ, 366. 1

Cf. etiam 79. 1; 92. 4; 104. 7; 204. 4; 205. 3; 342. 2; 356. 2; 364. 3; 397. 1; 409. 1.

ADDENDA

ADDENDA

VOL. I

p. 8, n. 5: add 'Writing to C. Memmius in 51 (*Fam.* XIII. 1. 5) Cicero goes so far as to deny that Atticus was "one of those people" (i.e. Epicureans).'

p. 278 (1. 4. 3, *et ut ego*): K.[1] compares Arist. *Rhet.* 1355 a ἵνα μήτε λανθάνῃ πῶς ἔχει καὶ ὅπως ... ἔχωμεν, also *Ath. Pol.* 16. 3 ('an beiden Stellen zu Unrecht angefochten').

p. 289 (9. 3): with *vicos et prata contemno* cf. Plaut. *Stich.* 305 *contundam facta Talthubi contemnamque omnis nuntios* (K.).

p. 322 (16. 11. 10, *coniurationis*): cf. also Messalla Corvinus ap. Sen. *Suas.* 1. 7 *desultorem bellorum civilium* (K.).

p. 324 (16. 13. 2, *qui ... iniit*): cf. also Sen. *Dial.* III. 16. 6 *quid? tibi lex videtur irasci iis quos non novit ... ? illius itaque sumendus est animus, quae non irascitur, sed constituit.*

p. 326 (17. 4. 5, *irritabilis sqq.*): cf. Sen. *Dial.* V. 4. 5 *adeo ut quidam simplicitatis iudicium iracundiam dicant*; E. Fraenkel, *Horace*, p. 361.

p. 333 (18. 7. 3): add 'amantissimos. Cf. *Mur.* 2 *petunt aliquid publicani; cave ne quicquam habeat momenti gratia.* This looks like an *ex post facto* addition made when the speech was prepared for publication in 59.

p. 342 (20. 3. 4, Σπάρταν): cf. Wilamowitz, *Erinnerungen*[2], p. 210, n. 1 ('noch heute sagt man im Deutschen gelegentlich "Sparta" für "Abteilung", "Ressort" ' K.).

p. 350 (21. 9. 1, *tulit*): Alford's view has been proposed afresh by L. R. Taylor in *Storia e Letteratura* 93 (*Studies in honour of B. L. Ullman*, vol. I), pp. 79 ff. (1964). She further argues persuasively that the office to which Metellus Scipio was elected was not the Tribunate but the Aedileship (whether Curule or Plebeian).

p. 352 (21. 11): for jibes on one's own impecuniosity K. refers to Kroll on Catull. 26.

p. 358 (23. 4. 11, εἷς οἰωνὸς κ.τ.λ.): add 'the Homeric text reads ἀμύνεσθαι'.

---

[1] K. = Kassel (see foreword)

ADDENDA

p. 360 (25. 1. 7–8, *unus ... milibus*): cf. the saying attributed to Antimachus in *Brut.* 191 *Plato enim mihi unus instar est centum milium.*

p. 379 (34. 5, *Crassi Divitis*): the bankrupt is mentioned also in *Tusc.* I. 81. If he *is* the Praetor of 57, the two links between him and the Consul of 131 in Münzer's stemma will become one.

VOL. II

p. 132 (93. 1): add in app. crit. 'io divisos *R*: divisis *NΔ*'(K.).

p. 141 (50. 2, *vivo miserrimus*): cf. also Catull. 8. 10 *nec miser vive* (K).

p. 172 (74. 4. 19, *Cornicinus*): cf. Cichorius, *Römische Studien*, p. 160 (K.).

p. 180 (77. 2. 1, οὐχ ὁσίη φθιμένοισιν): Greek authors also occasionally quote the verse with φθιμένοισιν, e.g. Cicero's contemporary Philodemus, περὶ τοῦ καθ' Ὅμηρον ἀγαθοῦ βασιλέως 18. 26 (p. 54 Olivieri). T.-P. were mistaken in supposing a μνημονικὸν ἁμάρτημα on Cicero's part (K.).

p. 204 (89. 7. 5, *muratos*): *murata* (Ellis) is read by Goodyear in *Ciris* 105, doubtless rightly.

p. 210 (90. 6. 6, *haec ... habeto*): cf. *Letters of Horace Walpole*, ed. P. Cunningham, vol. I, p. 168: 'His acting I have seen, and may say to you, who will not tell it again here, I see nothing wonderful in it; but it is heresy to say so.'

VOL. III

p. 3 (Index Siglorum): add (between 'Ω' and 'C') '*W* = codicis Wurceburgensis fragmenta (saec. XI)'; and so in subsequent volumes.

p. 208 (104. 5. 10, †ἀνεʒίαν): I believe that ἀνεξίαν is right after all. A fragment of Cleanthes in Stobaeus III. 6. 3 (Meineke, 6. 19) runs: ὅστις ἐπιθυμῶν ἀνέχετ' αἰσχροῦ πράγματος, / οὖτος ποιήσει τοῦτ' ἐὰν καιρὸν λάβῃ. Here ἀνέχεται ('bears up') means in effect 'restrains himself'. The analogous sense for the noun is exactly what is wanted in Cicero.

p. 215 (107. 1. 6, παράπηγμα): see A. Rehm's article 'parapegma' in *RE.* XVIII. 4.

p. 249 (115. 17. 1, *statua Africani*): *censor* and *consul* have changed places in the MSS of *Fam.* IX. 21. 2 (corr. Manutius).

86

VOL. IV

p. 312 (141, 2. 7, Σηστιωδέστερον): everyone will recall Catullus' well-known verses (44).

p. 394 (187. 3. 7, *illum*): cf. *Div.* 1. 24 *multa Cn. Pompeium, quaedam M. Catonem, non nulla etiam te ipsum fefellerunt.*

VOL. V

p. 291 (232. 2. 6, *nocturnarum expugnationum*): cf. also Herondas II, especially *vv.* 34–7, Ter. *Ad.* 88 ff., Plaut. *Pers.* 569 ff. (K.).

p. 293 (234. 1. 7, *omni statu omnique populo*): for the rendering 'whatever the feeling of the people', though I still think it malapropos, cf. 134 (VII. II).5 *te puto iam videre quae sit* ὁρμή *Caesaris, qui populus, qui totius negoti status.*

p. 304 (242. 2. 1, *Bassum Lucilium*): following Reid one could write *Lucili⟨an⟩um* (cf. 420 (XVI. 11). 1 *sine vallo Luciliano; Rosc. Am.* 46 *senex ille Caecilianus,* et sim.). Cf., however, Lucilius Bassus in Tacitus.

p. 307 (247, introd. note): this letter may well have been written in the same year as *Fam.* v. 16, where Cicero writes of the year as an extraordinarily unhealthy one (§ 4 *hoc gravissimo et pestilentissimo anno*). *Fam.* v. 16 was clearly written before Tullia's death, probably in 46.

p. 309, l. 2: Seneca's statement is not to be depended on. He clearly mixed up Sextus' sister Pompeia with his stepmother Julia.

p. 310 (250. 2. 5, *Laenas ... Septimium*): Septimius could be Bibulus' *scriba,* C. Septimius, mentioned in 44 (II. 24). 2.

p. 310 (250. 2. 7, *cum ... dolore*): in *Tusc.* III. 70 Cicero refers to those *qui non putant lugendum viris,* including many distinguished Romans cited in his *Consolatio.* He himself was of that persuasion in theory, as was Asinius Pollio in practice (Sen. *Contr.* IV. praef. 5); but the discussion in the *Tusculans* shows that many of his contemporaries took the contrary view.

p. 312 (254. 1): add '10 **omnium.** The meaning is obvious but *ab omnium ingeniis et Graecorum et Latinorum* is a strange equivalent for *ab omnibus ingeniis et Graecis et Latinis.* Perhaps *omnium* has replaced *omnibus; Graecorum et Latinorum* in that case agree with *monumentorum.'*

p. 330 (277. 3, *neque enim curo*): cf. Calp. *Ecl.* 3. 7 *non satis attendi; nec enim vacat.*

87

p. 332 (281. 2): add 'legere sqq. Cf. Augustine (*Civ. Dei*, VI. 2) on Varro, *tam multa scripsit quam multa vix quemquam legere potuisse credamus*' (K).

p. 335. 4. 1: with σύνταγμα / σύνταξις cf. ποίημα / ποίησις; see Marx on Lucil. 338 (K.). σύνταγμα is also used of a separate work in one book.

p. 350 (305. 3): add '1 **misi** For confusion between *misi* and *iussi* cf. Juv. 3. 78' (K.).

p. 363 (317. 2. 8, *quam . . . faciebas*): cf. also Kroll on Catull. 64. 73 (K.).

p. 365 (320. 1. 1, *tuae*), l. 2 of note: for this interpolation cf. also 128 (VII. 5). 1.

p. 367 (XIII. 12. 4, *Suettio*): my colleague Mr J. H. D'Arms writes as follows: 'you note in the commentary that Suet(t)ius is a contemporary *nomen*. Yes: in Campania, more precisely at Capua (*C.I.L.* X. 3789. 2. 5; 3779; 4014; 3822; 4357; 4358), and at Puteoli (*C.I.L.* X. 2511; 2891; 2982; and N.B. the (unpublished) municipal decree from Puteoli, in which mention is made of a *chalcidicum Aug. Suettian*[o?]. All the more interesting, therefore, that the Ciceronian *nomen* should occur in what is clearly a Puteolan context (the inheritance from Brinnius)'.

p. 390 (345. 2. 4, *M. Varronis*). The praenomen is remarkable. Varro (Reatinus), a friend of Cicero but a closer friend of Atticus, is continually mentioned in the letters to Atticus at this period, always by simple cognomen. Perhaps, as suggested in the index to my Oxford Text, Cicero here meant a different M. Varro, namely M. Terentius Varro Gibba (cf. *Fam.* X. 1. 1 *tuus quaestor, M. Varro*). It would be natural to refer to him in the more formal way, though the praenomen happened to be the same in both names. Atticus no doubt knew the book anyway.

p. 390 (345. 2. 5, *vix . . . me*): a different view is taken by F. R. D. Goodyear in his review (*Gnomon*, 39 (1967), p. 55): 'I think . . . that the paradosis is sound and that the sense is "I scarcely trust my recollection that I read certain things", i.e. what Cicero recollects is so extraordinary that he wants to have another look at the book to see if such things were really there. For the construction cf. Pl. *Rud.* 245–6 *ut vix mihi / credo ego hoc, te tenere* and Cat. 31, 5–6 *vix mi ipse credens . . . liquisse*, who also provides an analogy for the sense at 64, 55 *necdum etiam sese quae visit visere credit*. The presence of *me* in the present passage makes no essential difference.' This is certainly tenable, even though it seems a little odd that Varro's *laudatio* should have contained matter so extraordinary.

p. 391 (346. 4. 1, *quae scribis* ἀνεμοφόρητα), last sentence of note: Kassel refers to E. Fraenkel, *Kleine Beitr.* II, 139.

p. 393. (349. 1. 3, *Micyllus*): on Ἥρυλλος see Nauck, *T.G.F.* adesp. 590 (K.).

p. 393 (350. 1, *H. XII*): cf., however, vol. VI, p. 322.

p. 395 (353. 1. 9, *inde ambulavit*): stages have often similarly to be supplied κατὰ τὸ σιωπώμενον in Epic narrative: see Norden on *Aen.* VI. 77.

VOL. VI

p. 216 (359. 1. 7, *a balneatore*); cf. Aristoph. *Ran.* 709 ff. Κλειγένης ὁ μικρός, ὁ πονηρότατος βαλανεὺς ὁπόσοι κρατοῦσι κυκησιτέφρου ψευδολίτρου κονίας καὶ Κιμωλίας γῆς (K.).

p. 218 (361. 1): add '4 **ubi . . . est futurus?** Cf. Catull. 55. 15 *dic nobis ubi sis futurus*' (K.).

p. 224 (366. 1. 2, *odi poenam et doloris*): cf. *Fam.* XII. 1. 1 (to Cassius) *ut tantum modo odium illud hominis impuri et servitutis dolor depulsus esse videatur.* Perhaps *odi* is 'disgust', 'weariness', rather than 'hatred'; cf. on 74 (14. 2). 4 *odio et strepitu senatus.*

p. 235 (372. 1. 9, *portum*): the metaphor is common in Greek also; cf. especially Geffcken on Leonidas 8. 2 and Vahlen's (fourth) edition of περὶ Ὕψους, pp. 17 f. (K.).

p. 241 (375. 3. 3, *relictum*): Mr Kassel writes: 'Ihre Ergänzung ⟨*regem sublatum*⟩ gefällt mir ausgezeichnet; die Sprachform, in die der Gedanke gekleidet ist, erinnert mich an dem sprichwörtlichen Vers νήπιος, ὃς πατέρα κτείνας παῖδας καταλείπει, Cypr. fr. XXV Allen (v.l. κτείνων υἱούς)'.

p. 242 (377. 1): add '1 **o factum male!** Cf. Catull. 3. 16 *o factum male*' (K.).

p. 243 (377. 2. 9, *Dolabellam . . . esse*): a parallel to the use of *domi esse* here suggested is, I think, to be found in the third *Controversia* of Seneca's second book, which concerns the case of a ravisher who must forfeit his life within 30 days unless the father of his victim and his own father both forgive him. The former agrees, the latter refuses. On this (§ 21): *Hispo Romanus bello idiotismo usus est.* '*illuxit*' *inquit* [sc. *raptor*], '*amici.*' *eamus ad raptae patrem; hoc curemus. illud domi est*' (*hoc curemus* T, *occurremus* AB;

Kiessling unwisely printed his conjecture *occurramus*). *hoc* means the placating of the girl's father. *illud domi est*, if understood simply as 'the other thing (i.e. the placating of the ravisher's father) lies at home', lacks point. The sense I have proposed in Cicero gives a *double entendre* 'is all right ("in the bag")'.

p. 263 (393. 2. 9 *nec . . . arbitrantur*): for the opposition between *animus* and *stomachus* cf. the fragment quoted by Quintilian from Cicero's letters to Caerellia (Watt, p. 172), *haec aut animo Catonis ferenda sunt aut Ciceronis stomacho* (where *stomacho* is *res pro rei defectu*).

p. 276 (407 A. 4. 6, *lex*): see on this matter M. A. Levi, *Ottaviano Capoparte*, I, pp. 80 ff., based on Premerstein, *Zeitschr. d. Savigny-Stift., röm. Abt.* 43 (1922), pp. 132 ff.

CORRIGENDA

CORRIGENDA

VOL. I

p. 7, l. 7: 70] 69.

p. 65, n.1: 41] 302.

p. 84, l. 18: Mr P. W. Haffner] P.[1] W. Hafner (so also in n. 5).

p. 86, l. 10: R. Halm] K. Halm.

p. 120 (8. 2. 1): Ianuariam] Ianuarium.

p. 128 (10. 5. 2): ἀνάθημα] ἀνάθημα esse.

p. 130 (11. 2. 3): voluntatem] voluntatem mihi.

p. 150 (4. 4. 4–5, app. crit.): *Müller*] *Pius*.

p. 152 (16. 5. 11): Ἔσπετε] Ἔσπετε (so also in Commentary, p. 316).

p. 158 (16. 11. 10): commissatores] comissatores.

p. 206 (23. 4. 11): ἀμύνεσθαι] ἀμύνασθαι.

p. 208 (24. 7. 2, app. crit.): c] $Z^{(b)}c$

p. 216 (27. 3. 2, app. crit.): before '2' insert '1 et *add. Watt*'.

p. 216 (27. 3. 2, app. crit): C] $Z^{(b)}C$

p. 232 (34. 2. 2): after 'villam' add 'frequentia Formianorum'.

p. 256: raise paragraph number '4' by one line and adjust references.

p. 260 (42. 2. 10): illius] eius.

p. 284 (5. 2. 3, *ne dubitaris*): see on 355. 2. 1 (VI, p. 213).

p. 309 (14. 4. 4, ἐνθυμήματα): Krall] Kroll.

p. 336, l. 11 (19. 3. 5): save] serve.

p. 340 (19. 10. 1, *commentarium*): Börner] Bömer.

p. 341 (20. 10. 1–2): *prudentur*] *prudenter*.

[1] = Pater.

CORRIGENDA

p. 358 (23. 4. 13, *Compitaliciis*): delete 'Sc. *feriis*'.

p. 360 (25. 1. 1, *Alexandriam*) Ptolemy XI] Ptolemy XII.

p. 363 (26. 2. 4, *Vatinium*), first sentence of note: this traditional view has to be abandoned. The name of the *homo rusticus* was not Vatinius but Vatienus: see L. R. Taylor, *Cl. Phil.* 62 (1967), p. 199, n. 4.

p. 366 (27. 3. 10, *Megabocchus*): Μεγάβαγχος] Μεγάβακχος.

p. 369 (29. 1. 2, *ut tuos sqq.*); l. 8 of note: after] before.

p. 405 (45. 8, *plena manu*): nephew] son.

p. 413 (Numestius): 40. 20. 1] 40. 1. 1.

p. 413 (Papirius Paetus): C.] L.

p. 414 (Valerius Messalla Niger): 13. 1. 16] 13. 2. 16.

p. 414 (Vatinius): 27. 2. 5] 27. 3. 5.

p. 416 elabor] elabi.

p. 418 αἴνιγμα] αἰνιγμός.

p. 419 ταυτόματον] ταὐτόματον.

p. 420, col. 1, l. 4: 10] 12.

p. 420, col. 2, l. 9: 21. 3. 1–5, 12. 8] 21. 3. 1, 5; 21. 12. 8.

VOL. II

p. viii: Tyrell] Tyrrell.

p. 90 (80. 3): delete paragraph number '4' and adjust references accordingly.

p. 103 (86. 2. 8–9, app. crit.): delete comma after '*vide*'.

p. 108 (89. 3. 2): πολιτείᾳ] Πολιτείᾳ.

p. 115, reference at top of page: 86] 89.

p. 118 (90. 4. 3): τρισαρειοπαγίτας] τρισαρεοπαγίτας.

p. 118 (90. 5. 2, app. crit.): -Ω] -em Ω

p. 163, l. 13: delete comma after '*temperantiam*'.

p. 165 (72. 3, *cito videbo*): Constans' view is discountenanced by *Leg.* II. 7, where M. Cicero speaks as one who had never seen the Buthrotian estate.

p. 178 (75. 4. 15, *contio biduo nulla*): Mr F. H. Coffell has suggested by letter a new interpretation. Cicero, he thinks, means that there was no *contio* either on the market-day (21st) or the day *before* (20th). *a.d.* VIIII *Kal. hora noctis nona* in § 5 must then be understood on Unger's system as referring to the very early morning of the 22nd. There is much to be said for this.

p. 179 (76. 8, *sis*): the evidence has been reassessed by W. S. Watt (see on 105 (V. 12) *plane rogo* and 268 (XII. 29). 2 *si*), with whose negative conclusions I am inclined to agree. *fac* (Baiter) or *velim* (Wesenberg) can be added here and in 93 (IV. 19). 2.

p. 182 (79. 1. 2, *raudusculo*): p. 320] p. 420.

p. 200, l. 10: *Academica*] *de Republica*.

p. 200, l. 17: Moreaux] Moraux.

p. 205 (89. 8. 9, *nam*), l. 3 of note: delete 'and lesser'. L. R. Taylor's review (*Cl. Phil.* 62 (1967), p. 198) rightly calls attention to G. Gatti's discoveries. On the question of punctuation I am unrepentant.

p. 212, l. 2: p. 283] p. 216.

p. 220 (92. 1. 6, *infantia*): *Orat.*] *de Orat.*

p. 232, l. 1: *VII Id.*] *VI Id.*

p. 232, l. 3; inversions] inversion.

p. 241 Aemilius Paulus: delete second reference.

p. 242 Ilium: 53. 1. 9] 53. 2. 9.

p. 242 Phaëtho: 53. 1. 8] 53. 2. 8

p. 243 Tullius Cicero, Q. (oratoris frater): 77. 6. 3; 78. 3. 2] 75. 6. 3; 77. 3. 2.

p. 244 iacĕre, 91. 2. 11: delete.

p. 244 iacēre, 57. 3. 1: add '91. 2. 11'.

VOL. III

p. 20 (101. 3. 5): fuerit] fuerat.

CORRIGENDA

p. 21, l. 23: will not have] would not have had.

p. 89, last line: taking their exercise] practising [*exercentur* does not, as usually supposed, refer to physical exercise, but to practice in declamation: cf. *Thes.* v (ii), 1370. 33 ff., 1381. 17 ff].

p. 194 (97. I. 5, *scriba Tullius*), l. 6. of note: with cognomen] without cognomen.

p. 202 (101. 3. 5, *nihil . . . tanti*): delete second sentence of note (*fuerat* (see above) is the paradosis).

p. 208, l. 6: χή] χή.

p. 209 (104. 6. 6, *is*), l. 3 of note: delete 'an odd name for a Greek' (Hister = Ἴστρος).

p. 224 (113. I. I, *septimo . . . die*): 12 October] 21 October.

p. 272 (121. 4. 8, *Antonium*): I retract my 'correction' of Broughton. Mark Antony was Quaestor in 52 (despite Mommsen, *St.* I. 534. 1) since *Fam.* II. 18 refers to L. (not C.) Antonius as Quaestor in 50 and implies that his two elder brothers had held the office successively in the two previous years. *quaestorem* in *B.G.* VIII. 2. I must = *pro quaestore*.

p. 283, last line: *sui*] *suis*.

p. 284, reference at top of page: 25] 125.

p. 296 (126. 9. 2, †*hominis*), l. 7 of note: *hids*] *hdis*.

p. 298 (126. 12. 3, †*aperierimus*), last line of note: *pter*] *pter*

p. 309 (131. 5. 5, *quaestor eius*): 51] 52 (see above).

p. 320, Aemilius Lepidus: 125. 25] 125. 15.

p. 321, Claudius Pulcher (last reference): 123. 2. 3, 5. 4] 121. 2. 3; 123. 5. 4.

p. 322, Pompeius Magnus (last reference): 131. 3] 131. 4.

p. 322, Pompeius Vindillus: 125] 115.

p. 323, Servilius Vatia Isauricus: cos. 78] cos. 79.

VOL. IV

p. 22 (139. 2. 11): Furfanioque] probably *Furfanoque* should be read. The

96

MSS. of *ad Fam.* have the name so three times, twice in VI. 8. 3 and in the heading of VI. 9. Sjögren follows them (citing Schulze, *Lat. Eigennamen*, p. 357) in his edition of 1925, but reads *Furfanioque* against the paradosis here (ed. 1929). In *Mil.* 75 editors read *Furfanio* without mention of variant, and this name is attested in *C.I.L.* XI. 4804, 4869; but cf. *ibid.* 759 *Furfana*.

p. 332 (153. 7. 6, *Fausto*), l. 2 of note: delete 'ethic'.

p. 338 (160. 2. 1, *Balbus minor*), l. 3 of note: delete 'which he later made the subject of a play (Pollio, *Fam.* X. 32. 3)'. The play concerned a later mission with the same objective (Vell. II. 51. 3).

p. 434, 24 March, l. 1: 13a] 13 A.

p. 474, Curtius Postumus: Cf. 172] Cf. 171.

p. 475, Sulpicius Galba: 176. 6] 176. 3.

p. 478, col. 2, line before last: 164. 37; (*Verr.* 2. 100)] 164. 3. 7; (*Verr.* II. 2. 100).

p. 479, col. 1, l. 10: 177. 2. 15] 177. 3. 15.

VOL. V

p. 6 (212. 3. 7, app. crit.): *Schwartz*] *Schwarz*.

p. 18 (217. 7. 4, app. crit.): *Baiter*] *Ernesti*.

p. 78 (245. 1): add comma after 'Cicerone'.

p. 79 (245, l. 6): change note of interrogation to full stop after 'Mars'.

p. 142 (282. l. 3, app. crit.): after '3' add 'VIII *scripsi*: VI $R\Delta$'.

p. 155, l. 5: In other] In the other.

p. 184 (309. 2. 10): Dicearchi] Dicaearchi.

p. 208 (325. 8, app. crit.): after '8' add '*sic scripsi.*'

p. 210 (326. 4. 11): περιπατητικά] Περιπατητικά.

p. 228 (334. 1. 1): Orem] O rem.

p. 256 (353): at end of critical notes add '6 at *Ernesti*: ac $ER\Delta$'.

p. 275 (218. 3. 11, *tamen*): the words 'If sound, sc.' should start the first sentence of the note, not the second.

p. 285 (226. 1. 7, *aut cum altero*): close bracket at end of note, not after '*Laeli*'.

p. 290 (231. 3. 9, *veste*), l. 2 of note: before *atque*] after *atque*.

p. 295 (235. 2. 2, *notionem eius differi*), l. 3 of note: *id ipsum*] *quod ipsum*.

p. 296 (236. 3. 5, *moderatione*): *pecunias*] *pecuniis*.

p. 306 (245. 3, *quid referat sqq.*), l. 5 of note: μαραθῖνος] μαραθῶνος.

p. 326 (271. 1. 11, *una . . . evolem*), l. 4 of note: *evolo in*] *evolo* in.

p. 332 (281. 2. 14, *in horto*), l. 9 of note: Atticus' *Nomentanum* (or *Ficulense*) will have lain somewhere in the region between Nomentum and Ficulea, which were distant respectively 14 and 5 Roman miles from Rome.

p. 358 (310. 2. 1, *Pisoni*), l. 1 of note: Cos. 57] Cos. 58.

p. 363 (318. 1. 5, *reliquum consularem*), l. 2 of note: Q.] L.

p. 364 (318. 3. 16, *constantius*): *rogaberis*] *rogabaris*.

p. 371 (328. 2. 1, *de uxore Tuberonis*), l. 5 of note: App. v] App. vi.

p. 377 (331. 3. 1, *retentione*): *quisque . . . comparassant*] *quasque . . . comparassent*.

p. 385 (339. 1, *postea quam sqq.*), l. 7 of note: *Menippea*] *Menippeae*.

p. 391 (347. 1. 3, *de Tigellio*): delete 'Hermogenes' in first line of note. The Sardinian Tigellius is distinguished from Tigellius Hermogenes by many Horatian scholars, including E. Fraenkel (*Horace*, p. 86, n. 2). They seem to have the best of the argument: see N. Rudd, *The Satires of Horace*, pp. 292 f. The reference in my note to *Sat.* i. 3. 129 therefore does not apply, though this Tigellius' skill as a singer is still attested in the opening lines of the same Satire. He was also a 'pretty performer on the flute' (*Fam. l.c.*).

p. 397 (354. 3. 2, μὴ σκόρδου), l. 4 of note: scholiast] paroemiographer.

p. 403, l. 2: open bracket and delete colon after 'Brutus'.

p. 412, last line: seine] ihre.

p. 419, Antisthenes: 279. 1. 14] 279. 2. 14.

p. 419, Apollodorus: 262. 9] 262. 2. 9.

p. 421, Fufius Calenus: 220. 2. 1] 219. 2. 1.

p. 421, Junius Brutus, M. (l. 4): 342. 5] 342. 2. 5.

p. 421, Ligarius, T.: 333. 3. 2] 336. 3. 2.

p. 422, Phaedrus: 342. 8] 342. 2. 8.

VOL. VI

p. 48 (371. 6. 6): restore the paradosis *commovimus* and delete notes in app. crit. and Commentary. *commovemus* was a *Falschverbesserung*. The perfect is idiomatic in such expressions, as e.g. in *Fam.* VII. 24. I *amoris quidem tui, quoquo me verti, vestigia* or *Parad.* 18 *quocumque aspexisti, ut furiae sic tuae tibi occurrunt iniuriae.*

p. 140 (407 C. 2. 8): for 'IIII Non.' read 'III Non.' with *R*δ: see M. A. Levi, *Ottaviano Capoparte*, I, pp. 77, n. I.

p. 181 (416), § I, l. 9: from Brundisium] at Brundisium.

p. 215 (358. 1. 5, *horribile est*), last word of note: *hórreo*] horreo.

p. 243 (377. 3): 8 οὐδὲνὑγιές] 8 οὐδὲν ὑγιές [align under '6'].

p. 260 (390. 2. 8, *vitricus*): *proseur*] proser.

p. 271 (399. 9 *utro*), l. 1 of note: *intereri*] intererit.

p. 272 (402): **2**, 9] **2**, 8.

p. 291 (414. 2. 1): ἡδεῦρ'] ἡ δεῦρ'.

p. 293 (415. 5. 10, *Pisonem*): Cos. 57.] Cos. 58.

p. 300 (420. 2. 2): *Byzantino*] Byzantio. But the doubt expressed in this note was unwarranted. I was wrong in stating that *iambus* must refer to the individual iambic line; cf. *Nat. Deor.* III. 91, Strabo, VII. 3. 30 (C 354 init.).

p. 322 (388. 1. 1), l. 12 of note: v⟨III⟩] v⟨IIII⟩.

p. 325, Antonius, L.: 374. 1. 5] 374. 2. 5.

p. 326, Hirtius: 376. 4. 3] 375. 4. 3.

p. 327, Sestius, P.: 406. 3] 406. 1. 3.

p. 329: semissis] semis.

p. 330, Πεντέλοιππος: 376. 4. 3] 375. 4. 3.

p. 331, infinitive: 383. 2. 2] 383. 2. 5.

p. 331, zeugma: 359. 72] 359. 2. 7.

CONCORDANCE

CONCORDANCE

This Edition	Vulg.	Vulg.	This Edition
1	I. 5	I. 1	10
2	I. 6	I. 2	11
3	I. 7	I. 3	8
4	I. 8	I. 4	9
5	I. 9	I. 5	1
6	I. 10	I. 6	2
7	I. 11	I. 7	3
8	I. 3	I. 8	4
9	I. 4	I. 9	5
10	I. 1	I. 10	6
11	I. 2	I. 11	7
12	I. 12	I. 12	12
13	I. 13	I. 13	13
14	I. 14	I. 14	14
15	I. 15	I. 15	15
16	I. 16	I. 16	16
17	I. 17	I. 17	17
18	I. 18	I. 18	18
19	I. 19	I. 19	19
20	I. 20	I. 20	20
21	II. 1	II. 1	21
22	II. 2	II. 2	22
23	II. 3	II. 3	23
24	II. 4	II. 4	24
25	II. 5	II. 5	25
26	II. 6	II. 6	26
27	II. 7	II. 7	27
28	II. 8	II. 8	28
29	II. 9	II. 9	29
30	II. 12	II. 10	31
31	II. 10	II. 11	32
32	II. 11	II. 12	30
33	II. 13	II. 13	33
34	II. 14	II. 14	34

CONCORDANCE

This Edition	Vulg.	Vulg.	This Edition
35	II. 15	II. 15	35
36	II. 16	II. 16	36
37	II. 17	II. 17	37
38	II. 18	II. 18	38
39	II. 19	II. 19	39
40	II. 20	II. 20	40
41	II. 21	II. 21	41
42	II. 22	II. 22	42
43	II. 23	II. 23	43
44	II. 24	II. 24	44
45	II. 25	II. 25	45
46	III. 1	III. 1	46
47	III. 3	III. 2	48
48	III. 2	III. 3	47
49	III. 4	III. 4	49
50	III. 5	III. 5	50
51	III. 6	III. 6	51
52	III. 7	III. 7	52
53	III. 8	III. 8	53
54	III. 9	III. 6	54
55	III. 10	III. 10	55
56	III. 11	III. 11	56
57	III. 12	III. 12	57
58	III. 14	III. 13	59
59	III. 13	III. 14	58
60	III. 15	III. 15	60
61	III. 16	III. 16	61
62	III. 17	III. 17	62
63	III. 18	III. 18	63
64	III. 19	III. 19	64
65	III. 20	III. 20	65
66	III. 21	III. 21	66
67	III. 22	III. 22	67
68	III. 23	III. 23	68
69	III. 24	III. 24	69
70	III. 25	III. 25	70
71	III. 26	III. 26	71
72	III. 27	III. 27	72
73	IV. 1	IV. 1	73

CONCORDANCE

This Edition	Vulg.	Vulg.	This Edition
74	IV. 2	IV. 2	74
75	IV. 3	IV. 3	75
76	IV. 4	IV. 4	76
77	IV. 7	IV. 4a	78
78	IV. 4a	IV. 5	80
79	IV. 8	IV. 6	83
80	IV. 5	IV. 7	77
81	IV. 12	IV. 8	79
82	IV. 8a	IV. 8a	82
83	IV. 6	IV. 9	85
84	IV. 10	IV. 10	84
85	IV. 9	IV. 11	86
86	IV. 11	IV. 12	81
87	IV. 13	IV. 13	87
88	IV. 14	IV. 14	88
89	IV. 16	IV. 15	90
90	IV. 15	IV. 16	89
91	IV. 17	IV. 17	91
92	IV. 18	IV. 18	92
93	IV. 19	IV. 19	93
94	V. 1	V. 1	94
95	V. 2	V. 2	95
96	V. 3	V. 3	96
97	V. 4	V. 4	97
98	V. 5	V. 5	98
99	V. 6	V. 6	99
100	V. 7	V. 7	100
101	V. 8	V. 8	101
102	V. 9	V. 9	102
103	V. 10	V. 10	103
104	V. 11	V. 11	104
105	V. 12	V. 12	105
106	V. 13	V. 13	106
107	V. 14	V. 14	107
108	V. 15	V. 15	108
109	V. 16	V. 16	109
110	V. 17	V. 17	110
111	V. 18	V. 18	111
112	V. 19	V. 19	112

This Edition	Vulg.	Vulg.	This Edition
113	V. 20	V. 20	113
114	V. 21	V. 21	114
115	VI. 1	VI. 1	115
116	VI. 2	VI. 2	116
117	VI. 3	VI. 3	117
118	VI. 4	VI. 4	118
119	VI. 5	VI. 5	119
120	VI. 7	VI. 6	121
121	VI. 6	VI. 7	120
122	VI. 8	VI. 8	122
123	VI. 9	VI. 9	123
124	VII. 1	VII. 1	124
125	VII. 2	VII. 2	125
126	VII. 3	VII. 3	126
127	VII. 4	VII. 4	127
128	VII. 5	VII. 5	128
129	VII. 6	VII. 6	129
130	VII. 7	VII. 7	130
131	VII. 8	VII. 8	131
132	VII. 9	VII. 9	132
133	VII. 10	VII. 10	133
134	VII. 11	VII. 11	134
135	VII. 12	VII. 12	135
136	VII. 13	VII. 13	136
137	VII. 13a	VII. 13a	137
138	VII. 14	VII. 14	138
139	VII. 15	VII. 15	139
140	VII. 16	VII. 16	140
141	VII. 17	VII. 17	141
142	VII. 18	VII. 18	142
143	VII. 19	VII. 19	143
144	VII. 20	VII. 20	144
145	VII. 21	VII. 21	145
146	VII. 22	VII. 22	146
147	VII. 23	VII. 23	147
148	VII. 24	VII. 24	148
149	VII. 25	VII. 25	149
150	VII. 26	VII. 26	150
151	VIII. 1	VIII. 1	151

CONCORDANCE

This Edition	Vulg.	Vulg.	This Edition
152	VIII. 2	VIII. 2	152
153	VIII. 3	VIII. 3	153
154	VIII. 6	VIII. 4	156
155	VIII. 7	VIII. 5	157
156	VIII. 4	VIII. 6	154
157	VIII. 5	VIII. 7	155
158	VIII. 8	VIII. 8	158
159	VIII. 10	VIII. 9	188
160	VIII. 9a	VIII. 9a	160
161	VIII. 11	VIII. 10	159
161A	VIII. 11A	VIII. 11	161
161B	VIII. 11B	VIII. 11A	161A
161C	VIII. 11C	VIII. 11B	161B
161D	VIII. 11D	VIII. 11C	161C
162	VIII. 12	VIII. 11D	161D
162A	VIII. 12A	VIII. 12	162
162B	VIII. 12B	VIII. 12A	162A
162C	VIII. 12C	VIII. 12B	162B
162D	VIII. 12D	VIII. 12C	162C
163	VIII. 13	VIII. 12D	162D
164	VIII. 14	VIII. 13	163
165	VIII. 15	VIII. 14	164
165A	VIII. 15A	VIII. 15	165
166	VIII. 16	VIII. 15A	165A
167	IX. 1	VIII. 16	166
168	IX. 2	IX. 1	167
169	IX. 2a	IX. 2	168
170	IX. 3	IX. 2a	169
171	IX. 5	IX. 3	170
172	IX. 6	IX. 4	173
172A	IX. 6A	IX. 5	171
173	IX. 4	IX. 6	172
174	IX. 7	IX. 6A	172A
174A	IX. 7A	IX. 7	174
174B	IX. 7B	IX. 7A	174A
174C	IX. 7C	IX. 7B	174B
175	IX. 8	IX. 7C	174C
176	IX. 9	IX. 8	175
177	IX. 10	IX. 9	176

This Edition	Vulg.	Vulg.	This Edition
178	IX. 11	IX. 10	177
178A	IX. 11A	IX. 11	178
179	IX. 12	IX. 11A	178A
180	IX. 13	IX. 12	179
181	IX. 13a	IX. 13	180
181A	IX. 13A	IX. 13a	181
182	IX. 14	IX. 13A	181A
183	IX. 15	IX. 14	182
184	IX. 15a	IX. 15	183
185	IX: 16	IX. 15a	184
186	IX. 17	IX. 16	185
187	IX. 18	IX. 17	186
188	VIII. 9	IX. 18	187
189	IX. 19	IX. 19	189
190	X. 1	X. 1	190
191	X. 1a	X. 1a	191
192	X. 2	X. 2	192
193	X. 3	X. 3	193
194	X. 3a	X. 3a	194
195	X. 4	X. 4	195
196	X. 5	X. 5	196
197	X. 6	X. 6	197
198	X. 7	X. 7	198
199	X. 8	X. 8	199
199A	X. 8A	X. 8A	199A
199B	X. 8B	X. 8B	199B
200	X. 9	X. 9	200
200A	X. 9A	X. 9A	200A
201	X. 10	X. 10	201
202	X. 11	X. 11	202
203	X. 12	X. 12	203
204	X. 12a	X. 12a	204
205	X. 13	X. 13	205
206	X. 14	X. 14	206
207	X. 15	X. 15	207
208	X. 16	X. 16	208
209	X. 17	X. 17	209
210	X. 18	X. 18	210
211	XI. 1	XI. 1	211

CONCORDANCE

This Edition	Vulg.	Vulg.	This Edition
212	XI. 2	XI. 2	212
213	XI. 3	XI. 3	213
214	XI. 4a	XI. 4	215
215	XI. 4	XI. 4a	214
216	XI. 5	XI. 5	216
217	XI. 6	XI. 6	217
218	XI. 7	XI. 7	218
219	XI. 8	XI. 8	219
220	XI. 9	XI. 9	220
221	XI. 10	XI. 10	221
222	XI. 11	XI. 11	222
223	XI. 12	XI. 12	223
224	XI. 13	XI. 13	224
225	XI. 14	XI. 14	225
226	XI. 15	XI. 15	226
227	XI. 16	XI. 16	227
228	XI. 17	XI. 17	228
229	XI. 17a	XI. 17a	229
230	XI. 18	XI. 18	230
231	XI. 25	XI. 19	233
232	XI. 23	XI. 20	235
233	XI. 19	XI. 21	236
234	XI. 24	XI. 22	237
235	XI. 20	XI. 23	232
236	XI. 21	XI. 24	234
237	XI. 22	XI. 25	231
238	XII. 2	XII. 1	248
239	XII. 3	XII. 2	238
240	XII. 4	XII. 3	239
241	XII. 5c	XII. 4	240
242	XII. 5	XII. 5	242
243	XII. 6a	XII. 5a	307
244	XII. 7	XII. 5b	316
245	XII. 8	XII. 5c	241
246	XII. 9	XII. 6	306
247	XII. 10	XII. 6a	243
248	XII. 1	XII. 7	244
249	XII. 11	XII. 8	245
250	XII. 13	XII. 9	246

This Edition	Vulg.	Vulg.	This Edition
251	XII. 14	XII. 10	247
252	XII. 15	XII. 11	249
253	XII. 16	XII. 12	259
254	XII. 18	XII. 13	250
255	XII. 17	XII. 14	251
256	XII. 18a	XII. 15	252
257	XII. 19	XII. 16	253
258	XII. 20	XII. 17	255
259	XII. 12	XII. 18	254
260	XII. 21	XII. 18a	256
261	XII. 22	XII. 19	257
262	XII. 23	XII. 20	258
263	XII. 24	XII. 21	260
264	XII. 25	XII. 22	261
265	XII. 26	XII. 23	262
266	XII. 27	XII. 24	263
267	XII. 28	XII. 25	264
268	XII. 29	XII. 26	265
269	XII. 33	XII. 27	266
270	XII. 30	XII. 28	267
271	XII. 32	XII. 29	268
272	XII. 31	XII. 30	270
273	XII. 34	XII. 31	272
274	XII. 35	XII. 32	271
275	XII. 36	XII. 33	269
276	XII. 37	XII. 34	273
277	XII. 37a	XII. 35	274
278	XII. 38	XII. 36	275
279	XII. 38a	XII. 37	276
280	XII. 39	XII. 37a	277
281	XII. 40	XII. 38	278
282	XII. 42	XII. 38a	279
283	XII. 41	XII. 39	280
284	XII. 43	XII. 40	281
285	XII. 44	XII. 41	283
286	XIII. 26	XII. 42	282
287	XII. 46	XII. 43	284
288	XII. 47	XII. 44	285
289	XII. 48	XII. 45	290

This Edition	Vulg.	Vulg.	This Edition
290	XII. 45	XII. 46	287
291	XII. 50	XII. 47	288
292	XII. 49	XII. 48	289
293	XII. 51	XII. 49	292
294	XII. 52	XII. 50	291
295	XII. 53	XII. 51	293
296	XIII. 1	XII. 52	294
297	XIII. 2	XII. 53	295
298	XIII. 27	XIII. 1	296
299	XIII. 28	XIII. 2	297
300	XIII. 29	XIII. 2a	301
301	XIII. 2a	XIII. 2b	304
302	XIII. 31	XIII. 3	308
303	XIII. 30	XIII. 4	311
304	XIII. 2b	XIII. 5	312
305	XIII. 32	XIII. 6	310
306	XII. 6	XIII. 6a	310
307	XII. 5a	XIII. 7	314
308	XIII. 3	XIII. 7a	315
309	XIII. 33	XIII. 8	313
310	XIII. 6–6a	XIII. 9	317
311	XIII. 4	XIII. 10	318
312	XIII. 5	XIII. 11	319
313	XIII. 8	XIII. 12	320
314	XIII. 7	XIII. 13–14	321
315	XIII. 7a	XIII. 14–15	322
316	XII. 5b	XIII. 16	323
317	XIII. 9	XIII. 17	324
318	XIII. 10	XIII. 18	325
319	XIII. 11	XIII. 19	326
320	XIII. 12	XIII. 20	328
321	XIII. 13–14	XIII. 21	351
322	XIII. 14–15	XIII. 21a	327
323	XIII. 16	XIII. 22	329
324	XIII. 17	XIII. 23	331
325	XIII. 18	XIII. 24	332
326	XIII. 19	XIII. 25	333
327	XIII. 21a	XIII. 26	286
328	XIII. 20	XIII. 27	298

This Edition	Vulg.	Vulg.	This Edition
329	XIII. 22	XIII. 28	299
330	XIII. 33a	XIII. 29	300
331	XIII. 23	XIII. 30	303
332	XIII. 24	XIII. 31	302
333	XIII. 25	XIII. 32	305
334	XIII. 35–6	XIII. 33	309
335	XIII. 43	XIII. 33a	330
336	XIII. 44	XIII. 34	350
337	XIII. 45	XIII. 35–6	334
338	XIII. 46	XIII. 37	346, 340
339	XIII. 47	XIII. 38	341
340	XIII. 37. 4	XIII. 39	342
341	XIII. 38	XIII. 40	343
342	XIII. 39	XIII. 41	344
343	XIII. 40	XIII. 42	354
344	XIII. 41	XIII. 43	335
345	XIII. 48	XIII. 44	336
346	XIII. 37	XIII. 45	337
347	XIII. 49	XIII. 46	338
348	XIII. 50	XIII. 47	339
349	XIII. 51	XIII. 47a	352
350	XIII. 34	XIII. 48	345
351	XIII. 21	XIII. 49	347
352	XIII. 47a	XIII. 50	348
353	XIII. 52	XIII. 51	349
354	XIII. 42	XIII. 52	353
355	XIV. 1	XIV. 1	355
356	XIV. 2	XIV. 2	356
357	XIV. 3	XIV. 3	357
358	XIV. 4	XIV. 4	358
359	XIV. 5	XIV. 5	359
360	XIV. 6	XIV. 6	360
361	XIV. 7	XIV. 7	361
362	XIV. 8	XIV. 8	362
363	XIV. 9	XIV. 9	363
364	XIV. 10	XIV. 10	364
365	XIV. 11	XIV. 11	365
366	XIV. 12	XIV. 12	366
367	XIV. 13	XIV. 13	367

CONCORDANCE

This Edition	*Vulg.*	*Vulg.*	*This Edition*
367A	XIV. 13A	XIV. 13A	367A
367B	XIV. 13B	XIV. 13B	367B
368	XIV. 14	XIV. 14	368
369	XIV. 15	XIV. 15	369
370	XIV. 16	XIV. 16	370
371	XIV. 17	XIV. 17	371
371A	XIV. 17A	XIV. 17A	371A
372	XIV. 19	XIV. 18	373
373	XIV. 18	XIV. 19	372
374	XIV. 20	XIV. 20	374
375	XIV. 21	XIV. 21	375
376	XIV. 22	XIV. 22	376
377	XV. 1	XV. 1	377
378	XV. 1a	XV. 1a	378
379	XV. 2	XV. 2	379
380	XV. 3	XV. 3	380
381	XV. 4	XV. 4	381
382	XV. 4a	XV. 4a	382
383	XV. 5	XV. 5	383
384	XV. 7	XV. 6	386
385	XV. 8	XV. 7	374
386	XV. 6	XV. 8	385
387	XV. 9	XV. 9	387
388	XV. 10	XV. 10	388
389	XV. 11	XV. 11	389
390	XV. 12	XV. 12	390
391	XV. 16	XV. 13	416
392	XV. 16a	XV. 13a	417
393	XV. 15	XV. 14	402
394	XV. 17	XV. 15	393
395	XV. 18	XV. 16	391
396	XV. 19	XV. 16a	392
397	XV. 20	XV. 17	394
398	XV. 21	XV. 18	395
399	XV. 22	XV. 19	396
400	XV. 23	XV. 20	397
401	XV. 24	XV. 21	398
402	XV. 14	XV. 22	399
403	XV. 25	XV. 23	400

This Edition	Vulg.	Vulg.	This Edition
404	XV. 26	XV. 24	401
405	XV. 28	XV. 25	403
406	XV. 27	XV. 26	404
407	XVI. 16	XV. 27	406
407A	XVI. 16A	XV. 28	405
407B	XVI. 16B	XV. 29	408
407C	XVI. 16C	XVI. 1	409
407D	XVI. 16D	XVI. 2	412
407E	XVI. 16E	XVI. 3	413
407F	XVI. 16F	XVI. 4	411
408	XV. 29	XVI. 5	410
409	XVI. 1	XVI. 6	414
410	XVI. 5	XVI. 7	415
411	XVI. 4	XVI. 8	418
412	XVI. 2	XVI. 9	419
413	XVI. 3	XVI. 10	422
414	XVI. 6	XVI. 11	420
415	XVI. 7	XVI. 12	421
416	XV. 13	XVI. 13	423
417	XV. 13a	XVI. 13a	424
418	XVI. 8	XVI. 14	425
419	XVI. 9	XVI. 15	426
420	XVI. 11	XVI. 16	407
421	XVI. 12	XVI. 16A	407A
422	XVI. 10	XVI. 16B	407B
423	XVI. 13	XVI. 16C	407C
424	XVI. 13a	XVI. 16D	407D
425	XVI. 14	XVI. 16E	407E
426	XVI. 15	XVI. 16F	407F